Rico Tice
Der ultimative Weihnachtswunschzettel
*Was wäre, wenn du das bekommst,
was du dir wirklich wünschst?*

W0038907

DER ULTIMATIVE

WEIHNACHTS WUNSCHZETTEL

VON RICO TICE

Was wäre, wenn du
das bekommst, was du dir
wirklich wünschst?

Rico Tice
Der ultimative Weihnachtswunschzettel
*Was wäre, wenn du das bekommst,
was du dir wirklich wünschst?*

Best.-Nr. 271892
ISBN 978-3-86353-892-7
Christliche Verlagsgesellschaft Dillenburg

Titel des englischen Originals:
The Ultimate Christmas Wishlist
© Christianity Explored Ministries, 2022.
Published by The Good Book Company
thegoodbook.co.uk

Es wurde folgende Bibelübersetzung verwendet:
NeÜ bibel.heute,
© 2010 Karl-Heinz Vanheiden und
Christliche Verlagsgesellschaft

1. Auflage
© 2024 Christliche Verlagsgesellschaft Dillenburg
www.cv-dillenburg.de

Übersetzung: Isabel Hess
Satz und Umschlaggestaltung:
Christliche Verlagsgesellschaft Dillenburg
Umschlagmotiv: © Unsplash.com/kelly-sikkema

Druck: GGP Media GmbH, Pößneck
Printed in Germany

Wenn Sie Rechtschreib- oder Zeichensetzungsfehler
entdeckt haben, können Sie uns gern kontaktieren:
info@cv-dillenburg.de

INHALT

Merry Christmas

„Rico Tice versteht es, Ihre Aufmerksamkeit zu fesseln und Ihren Blick dann nachhaltig auf die Dinge zu lenken, die wirklich zählen. Dieses Buch wird Ihnen helfen, Weihnachten zu feiern wie nie zuvor. Ich möchte Sie ermutigen, *Der ultimative Weihnachtswunschzettel* zu lesen, all das belanglose christliche Lametta beiseitezukehren und das großartige Geschenk zu entdecken, das Gott Ihnen anbietet. Sie werden es nicht bereuen."

TERRY VIRGO, Gründer von NewFrontiers;
Autor von *Life Tastes Better*

„Als talentierter Schriftsteller hilft uns Rico zu erkennen, wie uns die Geburt Jesu Hoffnung, Frieden, Sinn und Zuversicht schenkt. Das ist viel besser als jedes Geschenk, das wir bei der Weihnachtsbescherung bekommen könnten."

TONY MERIDA, Pastor, Imago Dei Church,
Raleigh, NC; Autor von *Love Your Church*

„Dieses Buch ist typisch Rico: bibelorientiert, gut erzählt, simpel. Es erklärt, was die Bibel lehrt, enthält tolle Anekdoten und ist eine leichte Lektüre. Kaufen Sie viele Exemplare und verschenken Sie sie zu Weihnachten – bis auf eins."

GRAHAM DANIELS, General Director von
Christians in Sport

„Rico hat die wunderbar entwaffnende Fähigkeit, die gute Botschaft von Jesus mit dem wahren Leben zu verbinden. Dieses Buch prallt nicht von unserer harten

Schale ab, sondern geht unter die Haut und erreicht Kopf und Herz. Setzen Sie es auf Ihre Geschenkeliste und auf Ihren eigenen Wunschzettel für dieses Weihnachten!"

JAGO WYNNE, Pastor, Holy Trinity Clapham

„Ricos Schreib- und Redestil ist wie immer: Er kommt direkt auf den Punkt – den Punkt der schlichtweg besten Geschichte, die jemals erzählt wurde. Nach den letzten, überaus hoffnungsraubenden Jahren wird dieses Buch Ihnen helfen, Ihren ultimativen Weihnachtswunschzettel zu entdecken oder neu zu entdecken!"

MICHAEL HORTON, Westminster Seminary, Kalifornien; Autor

„Mehr als in jeder anderen Zeit des Jahres erleben wir an Weihnachten Sinn, wünschen uns mehr davon und fühlen uns, als bekämen wir nur einen kleinen Vorgeschmack vom Leben, wie es wirklich gedacht ist. Rico Tice zeigt uns, wie wir die Geschenke Hoffnung, Frieden, Sinn und Zuversicht genießen können, die allein Jesus gibt. Sein Buch ist leicht zu lesen, einnehmend und intellektuell überzeugend – alles in allem ein tolles Buch."

ADAM RAMSEY, Hauptpastor Liberti Church, Gold Coast, Australien; Autor von *Vom Kopf ins Herz und umgekehrt*

1.

WAS WÜNSCHST DU DIR ZU WEIHNACHTEN?

Was wünschst du dir zu Weihnachten? Ich finde diese Frage schwer zu beantworten. Aber ich weiß, dass ich sie beantworten muss. Sonst ergeht es mir wie in jenem Jahr, als beim Geschenkeauspacken ein Hundenapf zum Vorschein kam. Das wäre großartig gewesen ... wenn ich denn einen Hund gehabt hätte.

Das Problem ist nicht, dass ich mir nichts zu Weihnachten wünsche. Das Problem sind meine Wünsche selbst. Zum einen übersteigen sie oftmals das Budget der Person, die mich beschenken will. So wünsche ich mir zum Beispiel Tickets für die nächste Weltmeisterschaft. Oder ich hätte gerne Golfschläger der Luxusklasse. Ich würde mich auch über ein neues rechtes Knie freuen. Zum anderen übersteigen sie häufig nicht nur das Budget, sondern auch die Möglichkeiten der betreffenden Person. Ich hätte gerne die innere Stärke, die es braucht, um Kritik standzuhalten, statt wie ein aufgebrachter Teenager zu reagieren. Ich hätte gerne hoffnungsspendende Worte für meinen leidenden

Freund. Ich wünsche mir Frieden in Afghanistan und Sicherheit für einen Freund, der dort arbeitet. Ich wünsche mir die Gewissheit, dass meine Kinder zu Menschen heranwachsen, die ein erfülltes und zielgerichtetes Leben führen. Ich würde gerne 15 Kilo abnehmen. Schwer zu sagen, was davon am unwahrscheinlichsten ist.

Aber stell dir einen Moment lang vor, Zeit, Geld und Möglichkeiten würden keine Rolle spielen. Was stünde auf deinem ultimativen Weihnachtswunschzettel? Denke groß! Träume jenseits der Präsentkörbe, Socken, Bücher, Pyjamas, Badekugeln und Stofftaschentücher. Wenn du alles haben könntest, was du dir wünschst – was wäre es?

Ich vermute, deine Antwort hängt von deiner Lebenssituation ab. Wir alle haben Dinge im Hinterkopf, die wir gerne auf dem Grund unseres Herzens vergraben würden. Ich habe noch nie jemanden getroffen, der den Satz „Wenn ich eine Sache an meinem Leben ändern könnte, wäre es ..." mit „nichts" beenden würde. All das, worüber man sich an Weihnachten freut – die Feiern, die Menschen, das Essen, die Filme –, ist nie alles. Es gibt Dinge, die wir bedauern, befürchten oder bereuen, und die Geschenke unterm Weihnachtsbaum werden daran nichts ändern. Unter Umständen machen sie alles sogar schlimmer (etwa wenn deine Tante deinem Onkel demonstrativ ein Heimwerker-Handbuch schenkt).

Was man sich zu Weihnachten wünscht und was man tatsächlich bekommt, sind meist zwei unterschiedliche Paar Schuhe. Bei mir werden es Socken und ein Buch sein, nicht die Reise zur Fußballweltmeisterschaft oder Frieden in Afghanistan. Und das ist in Ordnung. Schließlich kann man weder Hoffnung noch Frieden noch Sinn noch Zuversicht einpacken. Diese Dinge kann niemand verschenken.

Bis auf einen. Und an Weihnachten hat er es getan.

Die Ankunft der Freude

Am ersten Weihnachten, so lesen wir, überbrachte ein Engel einigen sehr gewöhnlichen, unscheinbaren Hirten eine Botschaft. Der Engel sagte:

Ich bringe euch gute Nachricht von einer großen Freude. (Bibel, Lukas 2,10[1])

Beim ersten Weihnachten ging es um etwas, das „große Freude" bescherte. Kein höfliches Lächeln wie damals, als ich den Hundenapf auspackte; kein enttäuschtes Seufzen wie vermutlich dieses Jahr,

---

1 Man liest: *Lukas, Kapitel 2, Vers 10*. Sind mehrere, nicht zusammenhängende Verse eines Kapitels zitiert, werden diese durch einen Punkt getrennt, z. B.: Lukas 2,10.12 (Lukas, Kapitel 2, Verse 10 und 12). Im Folgenden wird bei Bibelstellenangaben die Kurzversion verwendet.

wenn meine Frau meinen besten Versuch eines durchdachten, nützlichen Geschenks öffnet. Nein, beim ersten Weihnachten ging es um die Ankunft von etwas, das wirklich große Freude brachte.

Diese Freude ist nicht davon abhängig, dass im Leben alles super läuft; sondern sie strahlt in Leben hinein, die eben nicht super verlaufen. Diese Hirten lebten, genauso wie die anderen Zeugen der ersten Weihnacht, in Armut und Unterdrückung. Sie waren der römischen Herrschaft unterworfen, und auch wenn wir bei Römern an gut ausgebaute Straßen und Thermalbäder denken, bedeutete deren Präsenz im 1. Jahrhundert für alle Nichtrömer scharfe Schwerter und hohe Steuern. Es muss ziemlich düster ausgesehen haben. Trotzdem bahnte sich die Freude ihren Weg. Trotzdem machten diese Ereignisse einen Unterschied. Es war eine Freude, die sogar die dunkelsten Zeiten erhellen konnte.

Woher kam diese Freude? „Ich bringe euch gute Nachricht von einer großen Freude", sagte der Engel, „Ihr werdet ihn daran erkennen, dass ihr ein Kind findet, das in Windeln gewickelt in einer Krippe liegt" (Lukas 2,12). Wahrscheinlich kennst du diese Geschichte: Maria, Josef, Krippe, Hirten, Engel, Weise, der kleine Jesus im Stall. Kinder führen sie jedes Jahr auf. Doch irgendwie ist es nur zu leicht, ein Weihnachten nach dem anderen zu genießen, ohne sich jemals Gedanken über die Tiefe dieser Botschaft zu machen – über ihre wahre Bedeutung; nämlich, dass mitten in diesem Stall ein Baby lag, das Freude brachte. Das kam, um uns all die Dinge zu geben, nach denen sich jeder von uns sehnt.

Die Geburt Jesu bedeutet, dass du – im Leben wie an Weihnachten – das haben kannst, was du dir am meisten wünschst: Hoffnung, Frieden, Sinn und Zuversicht.

Dieses Buch soll dir helfen herauszufinden, wie.

Licht im Dunkel

In den nächsten vier Kapiteln werden wir diese vier Dinge betrachten und dabei sehen, wer Jesus war, was er getan hat und welchen Unterschied das für uns macht. Doch zunächst müssen wir zurückspulen, und zwar nicht 2000 Jahre bis zum ersten Weihnachten, sondern noch weiter zurück: sieben Jahrhunderte, bevor Maria überhaupt schwanger wurde.

Zu dieser Zeit sahen sich die Bewohner von Juda, einem kleinen Land an der Ostküste des Mittelmeeres, mit einem Feind konfrontiert, der so schlimm war wie die Römer, vielleicht sogar noch schlimmer. Juda stand vor einer Katastrophe: dem Einmarsch des übermächtigen assyrischen Heeres. Stell dir vor, du bist in Kabul, und die Taliban rücken vor. Das ist die Art von Angst, die die Judäer damals verspürten. Die Assyrer waren unaufhaltsam, sie marschierten bereits durch Israel, das Land nördlich von Juda, und als Nächstes war Juda dran.

Was brauchten die Menschen dort? Sie brauchten Frieden. Sicherheit. Rettung.

In diesen Moment der Dunkelheit kam die Botschaft eines Mannes, der behauptete, ein Sprecher Gottes zu sein, ein Prophet. Dieser Mann, Jesaja, sah die düstere Situation, in der sich Juda befand, völlig realistisch. Aber er hatte die Hoffnung nicht aufgegeben.

„Das Volk, das im Dunkeln lebt", sagte er, „sieht ein großes Licht. Licht strahlt auf über denen, die im Land der Todesschatten wohnen" (Jesaja 9,1).

Und wie würde dieses Licht kommen? „Denn ein Kind ist uns geboren" (Vers 5).

Das ist Jesajas – und ihm zufolge Gottes – Lösung für die Dunkelheit Judas: ein Kind. Ein Neugeborenes.

Mehr nicht.

Das ist so, als hätte sich Winston Churchill im Juni 1940 – als sich die britische Armee aus Dünkirchen zurückgezogen hatte und Großbritannien vor dem Einmarsch und dem Sieg Deutschlands stand – an das Radio gewandt und gesagt: „Machen Sie sich keine Sorgen. Der Sieg ist uns sicher. Wir haben eine Hoffnung. Ich habe gehört, dass eine Frau schwanger ist und einen Sohn zur Welt bringen wird." Dieses Geschenk, das Jesaja ankündigte, schien das Letzte zu sein, was die Menschen brauchten. Sie fürchteten den Einmarsch einer riesigen, unaufhaltsamen Armee. Und ihnen sollte ein kleines Kind gegeben werden.

Das ist ein Geschenk, das wohl bestenfalls ein enttäuschtes Seufzen auslöste, wahrscheinlicher jedoch absolutes Unverständnis. Die Assyrer kommen, und die Antwort ist ... ein kleines Kind?!

Doch dann sagte Jesaja, wer dieser Junge sein würde:

Denn ein Kind ist uns geboren ... Und dieser Name gehört zu ihm: wunderbarer Berater, kraftvoller Gott, Vater der Ewigkeit, Friedensfürst. (Jesaja 9,5)

Jesaja versprach das, was sich am ersten Weihnachten ereignen würde. Er beschrieb den, der im Stall liegen würde. Es würde einer kommen, der weit mehr bringen würde als Rettung von den assyrischen Angreifern – obwohl Gott auch das schenken sollte.[2] Es würde einer kommen, der den Menschen wirklich das geben würde, was sie sich wünschten, worauf sie hinarbeiteten, wonach sie sich sehnten: Hoffnung, Frieden, Sinn und Zuversicht.

---

2   Wie das geschah, kannst du im Alten Testament in Jesaja 37,36-38 nachlesen. Das *British Museum* in London hat einige Ausstellungsstücke aus der Zeit dieser Invasionen.

Du kannst bekommen,
was du dir wirklich wünschst

Du bist es wahrscheinlich gewohnt, an Weihnachten von dem Jesus-Kind zu hören. Aber wir müssen uns den Schock darüber vergegenwärtigen, wer dieses Baby war und warum es geboren wurde. Laut der Bibel ist der, dessen Geburt von den Engeln angekündigt wurde und dessen Identität von Jesaja beschrieben wurde, selbst nach all den Jahren und Jahrhunderten noch immer das Beste, was wir uns wünschen könnten.

Die Bibel ist im Hinblick auf das Leben realistisch: Es gibt ebenso viele Dinge, die uns die Freude rauben, wie solche, die sie uns geben. Die Dinge, die wir uns im Leben am meisten wünschen, entziehen sich uns oft. Doch die Bibel bezieht auch klar Stellung dazu, wo wir die Dinge finden, die wir am meisten wollen und brauchen. Wir finden sie in dem Baby, das am ersten Weihnachten geboren wurde: in dem Kind, das der kraftvolle Gott, der Friedensfürst, der Vater der Ewigkeit und der wunderbare Berater war.

Ich erwarte nicht, dass du das glaubst, nur weil ich es sage. Ja, ich hoffe sogar, dass du es nicht glaubst, nur weil ich es sage. Vielmehr möchte ich dich dazu einladen, dir etwas Zeit zu nehmen und dir in den folgenden Kapiteln mit mir zusammen einige der Beweise für diese Behauptung anzusehen. Dabei werden wir den Schwerpunkt nicht auf Jesus als Baby legen, sondern auf den erwachsenen Jesus (denn wie bei uns allen war seine Geburt nur der Anfang). Wir werden uns ansehen, wie er als Erwachsener sagte und zeigte, dass er der kraftvolle Gott, der Friedensfürst, der Vater der Ewigkeit und der wunderbare Berater war. Und währenddessen kannst du dir selbst eine Meinung darüber bilden, wer Jesus ist. Wenn er der ist, der er zu sein behauptete, dann kannst du erkennen, dass deine ultimativen Weihnachtswünsche – die Hoffnung, der Friede, der Sinn und die Zuversicht, nach denen wir alle suchen – in ihm erfüllt werden.

Und das ist die Behauptung: dass du in Jesus das bekommst, wonach du dich im Leben wirklich sehnst – dass an diesem Weihnachten das, was du am meisten brauchst, auf tiefgehende und nachhaltige Art und Weise mit dem übereinstimmt, was du tatsächlich bekommst. Kann das wirklich wahr sein?

2.

HOFFNUNG

*B*ei mir war es schon immer so: Sobald die Schaufenster mit Lichterketten und Weihnachtsdekoration geschmückt werden, freue ich mich auf Weihnachten. Andere Menschen beschweren sich über die Kommerzialisierung von Weihnachten, wenn die Läden schon im Oktober weihnachtlich anmuten. Aber ich liebe es! Ich sehe Weihnachtsdeko, und die Vorfreude auf Weihnachten setzt ein.

Dieses Gefühl der Vorfreude auf etwas Gutes, etwas Besseres, ist das, was wir für gewöhnlich Hoffnung nennen. Und es gibt nur wenige Gefühle, die stärker sind. Wenn du Hoffnung hast, obwohl dein Leben vorerst unverändert bleibt, gehst du mit einem innerlichen Lächeln durch den Tag; es verändert dich. Hoffnung ruft in dir die Erwartung hervor, dass die Zukunft es wert ist, dafür zu arbeiten und darauf zu warten – selbst wenn diese Zukunft, wie Heiligabend für ein Kind, sehr, sehr lange auf sich warten lässt!

Hoffnung treibt uns an – bis sie uns enttäuscht. Wir alle wissen, wie es ist, wenn Hoffnungen zerschlagen werden. Es ist dieses ernüchternde Gefühl, wenn das Weihnachtsgeschenk, auf das du gespart und das du sorgfältig geplant hast, erst am ersten Montag im Januar lieferbar ist. Oder, etwas ernsthafter, der Tiefschlag, wenn deine Bewerbung abgelehnt wird, die Person, die du wirklich magst, dir sagt, dass sie einfach nicht auf dich steht, ein Geschäft platzt oder die Untersuchungsergebnisse zurückkommen und all deine fröhlichen Tagträume im Nu verfliegen.

Vielleicht weißt du auch, wie es sich anfühlt, wenn du doch das bekommst, wovon du geträumt hast, nur um dann festzustellen, dass es nicht deinen Erwartungen entspricht. Du bekommst endlich die Stelle, die Beziehung oder die Pensionierung, auf die du gewartet hast und ... sie bringt dir einfach nicht die erhoffte Befriedigung. Manchmal ist Weihnachten genauso. Ich erinnere mich an ein Weihnachten vor vielen Jahren, als meine Mutter den ganzen Dezember lang alles (und jeden) organisierte und gleichzeitig als Krankenschwester hart arbeitete, nur um an Weihnachten schließlich dadurch enttäuscht zu werden, dass ein Verwandter schroff mit ihr redete. Abends sagte sie mir: „Diese Worte haben mir einfach den ganzen Tag ruiniert." Sie hatte hart dafür gearbeitet, damit Weihnachten wunderschön würde, und dann ... kam es anders.

Wenn unsere Hoffnungen enttäuscht werden, richten wir unseren Blick gerne schnell auf etwas anderes, und alles fängt von vorne an. Aber manchmal hat der Schlag auch zu tief gesessen und hat uns zu nachhaltig getroffen, sodass wir gar keine Hoffnung mehr haben und meinen, es gebe nichts, worauf man sich noch freuen könne.

Zu hoffen bedeutet, glücklich zu sein – nicht vorübergehend, sondern dauerhaft. Es ist ein wundervolles Geschenk. Aber damit etwas hoffenswert ist, muss die Hoffnung auch halten, was sie verspricht. Es hat keinen Sinn, sein Leben lang auf etwas zu hoffen, das enttäuscht, vergeht oder niemals eintrifft. Viele Menschen sind sich dessen zu Weihnachten bewusster als zu jeder anderen Zeit im Jahr. Damit meine ich nicht einfach, dass man nicht die Geschenke bekommt, die man sich gewünscht hat. Weihnachten kann auch eine bittere Erinnerung daran sein, dass dieses Jahr nicht das gebracht hat, was man sich erhofft hat, und dass es im nächsten Jahr genauso sein könnte. Der Dezember kann die schönste Zeit im Jahr sein – aber auch die schlimmste.

Echte Hoffnung – eine Hoffnung, die anhält und sich erfüllt – fehlt leider vielen von uns. Der christliche Glaube erhebt jedoch den Anspruch, dass Jesus genau diese anhaltende, echte Hoffnung bietet.

Worauf und worein setzt du deine Hoffnung? Vielleicht haben sich bis hierher im Leben all deine Hoffnungen erfüllt, vielleicht wurden sie auch zerschlagen. Wahrscheinlich hast du von beidem etwas erlebt. Aber wer du auch bist, was immer du in der Vergangenheit erlebt hast und wie auch immer dein Leben momentan aussieht, der christliche Glaube ist eine Einladung, deine Hoffnung in eine Zukunft zu setzen, die besser ist als alles, was du dir vorstellen könntest – und gewisser als jedes Versprechen, das du je gehört hast.

Jesus wurde geboren, um uns Hoffnung zu bringen, und um dir diese Hoffnung vor Augen zu führen, möchte ich dich an einen einzigen Tag im Erwachsenenleben eben Jesu mit zurücknehmen. Wir werden uns kurz drei Momentaufnahmen ansehen von diesem einen Tag, von dem in einem der vier historischen Biografien, die wir Evangelien nennen, berichtet wird. Das Evangelium, mit dem wir uns jetzt beschäftigen, wurde von einem Arzt namens Lukas verfasst. Er befragte die Augenzeugen der Worte, die Jesus gesagt, und der Dinge, die er getan hatte, und schrieb alles etwa im Jahr 60 n. Chr. nieder, also zu einem Zeitpunkt, als ihm die beschriebenen Ereignisse noch in lebhafter Erinnerung waren.

Sturm auf dem See

Das erste Ereignis fand auf dem See Genezareth, einem großen See im Norden Israels, statt:

Eines Tages stieg er mit seinen Jüngern in ein Boot und sagte: „Fahren wir ans andere Ufer hinüber!" So fuhren sie ab, und während der Fahrt schlief Jesus ein. Plötzlich kam ein Sturm auf, ein Fallwind von den Bergen. Die Wellen schlugen ins Boot und sie kamen in Gefahr. Die Jünger stürzten zu Jesus, weckten ihn und riefen: „Rabbi, Rabbi, wir sind verloren!" Da stand er auf und herrschte den Wind und die tosenden Wellen an. Da hörten sie auf zu toben und es wurde ganz still. „Wo ist euer Glaube?", fragte Jesus seine Jünger. Doch sie waren sehr erschrocken und sagten erstaunt zueinander: „Wer ist das nur, dass er sogar dem Wind und dem Wasser befehlen kann, und die gehorchen ihm?" (Lukas 8,22-25)

Stell dir die Verzweiflung der Freunde Jesu vor, als ihre Routineüberfahrt zu einer lebensbedrohlichen Situation wurde. Es handelte sich nicht um ein gewöhnliches Unwetter, eher um eine Art Hurrikan, der dadurch entstand, dass die kalte Luft von den Bergen auf die warme Luft über dem See Genezareth traf, wodurch es auf dem See zu einem Wirbelsturm kam.

Und was tut Jesus, als er aufgeweckt und mit dem unheilvollen Hurrikan konfrontiert wird? Er steht auf und sagt:

„Schweig still."

Und es geschah.

Hier ist ein Mann, der die Macht hat, das Unkontrollierbare zu kontrollieren – ein Mann, der eine hoffnungslose Situation komplett umkehren kann. Der Wind und die Wellen haben keine Ohren, und doch beruhigen sie sich auf sein Reden hin. Das bringt die Jünger dazu, sich zu fragen: „Wer ist das nur?"

Wer kann so etwas tun? In welche Kategorie kann man ihn stecken? Wenn er einen Sturm mit einem Wort stillen kann, ist er ganz klar nicht nur ein Lehrer, Philosoph oder Heiler. Wer also ist er?

Das ist für uns von Bedeutung, denn es geht hier nicht nur um Stürme, Seen und Fischerboote. Es geht um die Dinge, die dich nachts nicht schlafen lassen, weil sie außerhalb deiner Kontrolle liegen; die Fragezeichen, die über deiner Zukunft stehen; die Schwierigkeiten, die dich zu überwältigen drohen. Wären es nicht großartige Neuigkeiten, wenn es jemanden gäbe, der Macht über diese Dinge hat? Das würde schwere Dinge nicht einfach machen, aber es wäre zutiefst beruhigend, zu wissen, dass hinter dem Universum jemand steht, der alles lenkt und in Ordnung bringt. Und zwar so jemand wie das von Jesaja versprochene Baby, das zur ersten Weihnacht geboren werden sollte und das er den „kraftvollen Gott" nannte.

Ich frage mich, ob diese Worte in den Köpfen der Jünger umherschwirrten, als sie einander fragten: „Wer ist das nur?" Könnte dieser Mann der versprochene starke Gott sein, der auf der Erde wandelte, die er selbst durch sein Wort geschaffen hatte?

Schrecken am Ufer

Aber vielleicht dachten die Jünger auch, die Stillung des Sturms sei ein Glückstreffer gewesen – ein glücklicher, aber einmaliger Zufall. Also lass uns einen Blick auf ein anderes Ereignis an diesem Tag werfen. Als das Boot das Ufer erreichte, gingen Jesus und seine Freunde an Land. Dort begegneten sie jemandem, dessen Hoffnung vollständig erloschen war und für den die Vorstellung von Freude nicht mehr war als ein schlechter Witz. Achtung, dieser Teil ist nicht besonders warm und weihnachtlich.

Als er aus dem Boot stieg, rannte ihm ein Mann aus der Stadt entgegen, der von Dämonen besessen war. Er trug schon lange keine Kleidung mehr und hauste abseits von den Häusern in Grabhöhlen. Als er Jesus erblickte, schrie er auf, warf sich vor ihm hin und rief laut: „Was willst du von mir, Jesus, Sohn Gottes, du Sohn des Allerhöchsten? Bitte, quäle mich nicht!" Jesus hatte dem bösen Geist nämlich befohlen, den Mann endlich zu verlassen. Wiederholt war der Besessene wie ein Gefangener an Händen und Füßen gefesselt worden, doch jedes Mal hatte er die Ketten zerbrochen, und der Dämon hatte ihn in menschenleere Gegenden getrieben. (Lukas 8,27-29)

Ich frage mich, was du über Dämonenbesessenheit denkst. Gibt es so etwas wirklich? Das ist doch mit Sicherheit eine Vorstellung aus vergangener Zeit, einer weniger aufgeklärten Epoche, oder?

Darauf würde ich antworten: Was ist mit dem Konzept des Bösen? Gibt es so etwas? Vielleicht sollten wir die Familie von Sarah Everard fragen, einer Frau aus London, die 2021 von einem Polizisten ermordet wurde, der, obwohl nicht im Dienst, vorgab, seiner Arbeit nachzugehen. Oder die Familien all der Frauen, die seitdem ermordet wurden – allein in London! Lies die Zeitung, wenn sie über etwas wirklich Schlimmes berichtet, und du merkst, dass manche Taten so böse sind, dass sie schlichtweg der Inbegriff des Bösen sind. Und damit kommen wir unweigerlich zu der beunruhigenden Frage, woher das Böse kommt. Ist es einfach eine Frage schlechter Entscheidungen, schlechter Bildung oder schlechter Erziehung?

Die Wahrheit ist, dass wir alle jeden Tag Impulse in uns verspüren und Einflüssen von außen ausgesetzt sind, die wir vielleicht nicht unbedingt als abgrundtief böse bezeichnen würden, aber mit Sicherheit als schroff, gemein oder sogar grausam. Und die Bibel sagt, dass es ein Geistwesen gibt, das hinter diesen Impulsen und Einflüssen steht und diese befeuert. Das ist der Teufel, und die Dämonen sind seine Fußsoldaten. Sie hassen Gott. Sie hassen das Gute. Sie hassen Freude. Sie arbeiten gegen das Glück des Menschen. Dieser Mann am Ufer ist ein

Bild ihres tiefen Wunsches, Elend hervorzubringen. Sie haben ihn aus der Gesellschaft herausgelockt und von denen weggezogen, die ihn lieben, sodass er sich allein bei den Gräbern aufhält. Er führt ein äußerst armseliges Dasein. Es besteht kein Zweifel: Er ist Opfer von etwas wirklich Bösem.

Jeder reagiert auf das, was ich gerade über das Böse und den Teufel ausgeführt habe, auf eine von zwei Arten, denn es gibt nur diese beiden Wege, wie wir damit umgehen können. Die einen bestreiten, dass der Teufel real ist, und leben so, als gäbe es nur das, was man sieht. Doch dadurch gerät man in Erklärungsnot, was die Realität des Bösen betrifft, wenn man wirklich schlimme Dinge erlebt. Die anderen reagieren zutiefst verängstigt. Wenn du weißt, dass es das Böse gibt und es stärker ist als du, dann lebst du in Angst.

Verleugnung oder Angst. Das sind die beiden Reaktionen auf das Böse – bis Jesus auf der Bildfläche erscheint. Weder verleugnet Jesus das Böse, noch fürchtet er sich davor. Stattdessen beseitigt er es.

Nun fragte ihn Jesus: „Wie heißt du?"

„Ich heiße Legion", antwortete der; denn es waren viele Dämonen in ihn gefahren. Diese flehten Jesus an, sie nicht in den Abgrund zu schicken.

Nun weidete dort in der Nähe eine große Herde Schweine an einem Berghang. Sie baten

ihn, in die Schweine fahren zu dürfen. Er er-
laubte es. Da verließen die bösen Geister den
Mann und fuhren in die Schweine. Daraufhin
raste die ganze Herde den Abhang hinunter in
den See und ertrank.

Als die Schweinehirten das sahen, liefen
sie davon und erzählten in der Stadt und auf
den Dörfern alles, was geschehen war. Die
Leute wollten das mit eigenen Augen sehen
und machten sich auf den Weg. Als sie zu Jesus
kamen, sahen sie den Mann, aus dem die bösen
Geister ausgefahren waren, bekleidet und ver-
nünftig bei ihm sitzen. Sie bekamen es mit der
Angst zu tun. (Lukas 8,30-35)

Der Mann, der seinen Tag einsam begonnen hat –
zerbrochen, notleidend und auf dasselbe Schicksal
hinzusteuernd wie die Schweine –, sitzt schließlich
„bekleidet und vernünftig" bei Jesus. Dieser Mann,
für den jede Hoffnung vergeblich schien, bekommt
ein Happy End. Er kann zu seiner Familie und
seinen Freunden zurückkehren. Er ist wiederher-
gestellt, ganz, glücklich. Und das alles, weil er Jesus
begegnet ist.

Wer ist dieser Jesus? Könnte es sein, dass wir in
ihm den kraftvollen Gott sehen, der auf die Erde
gekommen ist und der die Macht hat, das Böse zu
besiegen?

Doch der Tag Jesu ist noch immer nicht vorbei.

Trauer in der Stadt

Nichts raubt uns so sehr die Freude wie die Trauer über den Verlust von geliebten Menschen. Das Vorhandensein von Trauer bedeutet, dass unser Glück niemals ungetrübt sein kann. Selbst an unseren besten Tagen – sogar an Weihnachten – werden wir immer dieses Gefühl haben: „Ach, wäre doch nur XY hier gewesen, um das mitzuerleben!"

In der nächsten Szene begegnet Jesus abgrundtiefer Trauer. Als er das Ufer verlässt und in die nächste Stadt geht, trifft er auf einen örtlichen Würdenträger:

> *Da drängte sich ein Mann namens Jaïrus, der Vorsteher der Synagoge, nach vorn. Er warf sich vor Jesus nieder und bat ihn, in sein Haus zu kommen, weil seine einzige Tochter, ein Mädchen von zwölf Jahren, im Sterben lag.*
> *(Lukas 8,41-42)*

Jaïrus steht kurz davor, seine geliebte Tochter zu verlieren, und er ist absolut machtlos. Er weiß, dass seine Frau niemals mehr so lächeln wird wie zuvor – und er selbst auch nicht. Er hat von diesem Mann gehört, der die Macht hat, Wunder zu vollbringen. Also wirft er sich Jesus zu Füßen und fleht um Hilfe. Jesus sagt, dass er mit ihm kommt. So ziehen sie gemeinsam los zu Jaïrus' Haus. Doch auf dem Weg werden sie aufgehalten, und bevor sie das Sterbebett des Mädchens erreichen, kommt ihnen ein Diener von Jaïrus entgegen, um ihm die schreckliche Nachricht zu überbringen, vor der sich alle Eltern fürchten:

Deine Tochter ist gestorben. Du brauchst den Rabbi nicht weiter zu bemühen. (Lukas 8,49)

Das fühlt sich an wie ein Schlag in die Magengegend. Jaïrus' schlimmste Albträume bewahrheiten sich. Doch dann sagt Jesus:

Hab keine Angst! Vertrau mir, dann wird sie gerettet werden! (Lukas 8,50)

Ihm vertrauen? Sie wird gerettet werden? Das ist eine große Behauptung – eine gewagte Behauptung. Wenn jemand gerade ein Kind verloren hat, spielt man nicht mit seinen Gefühlen. Die Erwartungen sind hoch. Jetzt muss Jesus auch abliefern.

Er ging in das Haus, erlaubte aber niemand, ihn zu begleiten, außer Petrus, Johannes und Jakobus und den Eltern des Kindes. Das ganze Haus war voller Menschen, die laut weinten und das Mädchen beklagten. „Hört auf zu weinen!", sagte Jesus zu ihnen. „Das Kind ist nicht tot, es schläft nur." Da lachten sie ihn aus, denn sie wussten, dass es gestorben war. (Lukas 8,51-53)

Das war ein Lachen der Verachtung und des Unglaubens über das, was Jesus gerade gesagt hatte. Für wen hältst du dich? Sie ist tot! Wecke in den armen Eltern keine falschen Hoffnungen!

Doch es waren keine falschen Hoffnungen:

Jesus fasste es bei der Hand und rief: „Kind, steh auf!" Da kehrte Leben in das Mädchen zurück und es stand gleich auf. (Lukas 8,54-55)

Jesus kann ein Kind vom Tod erwecken, so wie du und ich ein Kind vom Schlaf aufwecken. Er hat die Macht, aus Chaos Ruhe zu machen, das Böse zu beseitigen und Trauer in Freude zu verwandeln. Welche Kategorie wird ihm gerecht?

Lukas zeigt uns hier und in der restlichen Biografie über Jesus, dass es nur eine Kategorie gibt, die groß genug für Jesus ist: kraftvoller Gott.

Da oben und hier unten

Ich weiß nicht, ob du glaubst, dass es da oben einen Gott gibt. Viele von uns wollen es glauben. Oder zumindest wollen wir glauben, dass es noch etwas gibt, das über unser materielles Universum hinausgeht – eine höhere Realität, die dem Leben auf der Erde einen Sinn verleiht. Aber hast du dir jemals gesagt: „Wenn es einen Gott gibt, wäre es super, wenn er es auch beweisen würde"?

Im Leben Jesu sehen wir, dass Gott genau das getan hat. Und Jesus zeigt uns nicht nur, *dass* da oben jemand ist, sondern auch, *wie* dieser Jemand ist. Es gibt einen kraftvollen Gott, der mit seiner Schöpfung in Verbindung tritt, sich für unser Leben interessiert und unsere Freude und unsere Tränen kennt. Er sorgt sich um diese Welt – deswegen kam er am ersten Weihnachten hierher.

Das bedeutet, dass wir zu Recht auf mehr, auf Besseres hoffen. Wenn Gott so ist, wie die Bibel ihn beschreibt, dann wurden wir ursprünglich dazu geschaffen, ein Leben ohne Stürme, ohne das Böse und ohne den Tod zu genießen. Und dieses Leben können wir haben. Die Bibel erzählt eine einzigartige Geschichte darüber, wohin sich die Welt entwickelt. Sie lässt uns wissen, dass der kraftvolle Gott eines Tages wieder auf die Erde zurückkehrt und dann alles, was er vor 2000 Jahren auf lokaler, individueller Ebene getan hat, auf globaler, kosmischer Ebene tun wird. Die Stillung des Sturms, die Rettung des Mannes und die Auferweckung des Mädchens sind wie ein kleiner Vorgeschmack auf eine völlig neue Welt – eine Welt, in der alle Ungewissheiten unter Kontrolle gebracht werden; eine Welt, zu der das Böse keinen Zutritt hat; eine Welt ohne Krankheit, Trauer und Tod.

Das ist die Welt, nach der wir uns tief im Inneren alle sehnen. Es ist das, was wir in den schönsten Momenten von Weihnachten flüchtig erblicken – das Lachen, die Freude, das Zusammensein, die

Ruhe. Es ist das, was wir vermissen, wenn unser Dezember hart ist. Doch am ersten Weihnachten kam Jesus, um uns eine echte Hoffnung zu geben – das Wissen, dass es ein Morgen geben wird, in dem nicht nur alles besser, sondern absolut und ausnahmslos vollkommen sein wird.

In gewissem Sinn ändert diese Hoffnung nichts, und gleichzeitig ändert sie doch alles. Wir können in diesem Leben immer noch Dunkelheit erleben – Enttäuschung, Scheidung, Depression oder Krankheit. Aber wir können durch die Traurigkeit gehen, ohne zu verzweifeln, denn mit Jesus ist das Schlimmste nie das Endgültige. Es gibt immer Hoffnung. Und diese Hoffnung zu haben bedeutet, dass wir die guten Dinge, die kleinen Hoffnungen – Spaß, Essen, Familie, Fitness, Freundschaften, Verliebtheit – ohne die nagende Angst genießen können, sie eines Tages wieder zu verlieren. Denn wir wissen, dass noch schönere Tage vor uns liegen.

Das ist Hoffnung – echte Hoffnung. Das ist es, was es dir ermöglicht, von innen heraus zu lächeln, egal, was dir heute passiert. Und der kraftvolle Gott wurde am ersten Weihnachten geboren, um dich dazu einzuladen, es zu genießen.

3.

FRIEDE

$\mathcal{E}$s ist wahrscheinlich das bekannteste sportliche Spiel aller Zeiten. Am ersten Weihnachtstag 1914, als der Erste Weltkrieg erst ein paar Monate andauerte, verließen britische und deutsche Soldaten an der Front in Frankreich ihre Schützengräben, trafen sich in dem zwischen ihnen liegenden Niemandsland und spielten Fußball. (Das Ergebnis wurde nicht aufgezeichnet, aber Gerüchten zufolge gewannen die Deutschen im Elfmeterschießen.) Es war ein herrlicher Moment des Friedens inmitten eines der brutalsten Kriege, die je stattgefunden haben.

Und deshalb ist er in Erinnerung geblieben. Das kurze freundschaftliche Intermezzo hebt sich ab, weil es so ungewöhnlich und unerwartet war. Selbst während es stattfand, fielen an anderen Stellen der Front Schüsse ... und Männer. An keinem der anderen Weihnachtstage während des Ersten Weltkrieges geschah etwas Vergleichbares. Und auch seitdem ist nichts derartiges je wieder geschehen. Auch wenn John Lennon in seinem Weihnachtslied von 1971 singt: „War is over" (Der Krieg ist vorbei), war das nicht der Fall. Und auch jetzt nicht. Es ist in diesem und im letzten Jahrhundert kein Weihnachten vergangen, an dem auf der ganzen Welt Frieden geherrscht hätte. Menschen sind oftmals besser im Einander-Bekriegen als im Freundschaften-Schließen.

Und doch sehnen wir uns nach Frieden. Und doch stellen wir uns vor, wie großartig es wäre, zu sehen, wie alle Menschen in Frieden leben, wie Lennon es in einem anderen Lied singt.

Wäre es nicht wundervoll, dieses Weihnachten Frieden da draußen zu sehen – rund um den Erdball ein Ende der Krisen und Konflikte, von denen das ganze Jahr über berichtet wurde? Wäre es nicht herrlich, wenn die Waffen niedergelegt und nie wieder in die Hand genommen werden würden?

Und wäre es nicht wundervoll, wenn Frieden auch im Inneren Wirklichkeit werden würde? Zwar freuen wir uns einerseits auf Weihnachten, aber andererseits sehnen sich viele von uns auch nach einer Pause von all dem Stress, der uns den ganzen Dezember über begleitet, während die Feiertage immer näher rücken. Aber selbst in ruhigeren Monaten sehnen wir uns nach dem Ende all der beunruhigenden Gedanken, die uns in Dauerschleife durch den Kopf gehen, oder nach einer Lösung für die Reue oder die Verantwortung, die uns den Schlaf raubt.

Und wäre es nicht großartig, wenn unter uns Frieden herrschen würde, also in unseren

Beziehungen? Ich bin mir sicher, dass auch dein Familien- und Freundeskreis, genau wie meiner, im Laufe der Jahre durch Beziehungsstreitigkeiten getrübt wurde. Vielleicht musst du an Weihnachten einen diplomatischen Drahtseilakt meistern, um zu verhindern, dass sich deine Familie untereinander zerstreitet, oder du kämpfst mit der emotionalen Distanz, die zwischen dir und deinem Kind, deinen Eltern oder einem Freund entstanden ist. Januar ist nicht ohne Grund der Monat mit der höchsten Scheidungsrate – die Menschen verbringen ein paar Tage damit, mit ihren Nächsten, jedoch nicht mehr Liebsten, auszukommen, und spätestens an Neujahr haben sie keine Kraft mehr dazu.

Die Abwesenheit von Frieden ist sehr schmerzhaft – sie ist voll tiefem Schweigen, lautstarken Auseinandersetzungen und nachhallendem Bedauern. Doch die Anwesenheit von Frieden ... ist wunderschön! Frieden ist harmonisch. Er ist Vollständigkeit, Stille und Sicherheit.

Genau das ist die Vision, die hinter dem biblischen Wort für Frieden steckt: *Schalom*. Es zeichnet ein Bild von einem Frieden, der tiefer und weitreichender ist als die unbeholfenen Waffenstillstände, mit denen wir uns oft zufriedengeben. *Schalom* ist mehr als „Ich komme mit meinem Nachbarn zurecht. Wir schikanieren uns nicht gegenseitig und lassen einander in Ruhe“. Das wäre durchaus in Ordnung. Aber *Schalom* ist besser. Es bedeutet: „Ich freue mich über meinen Nachbarn. Wir freuen uns so sehr aneinander, dass wir den Zaun zwischen unseren Gärten abbauen. Wir passen gegenseitig auf die Kinder auf. Wir gehen nach dem Weihnachtsessen zusammen spazieren, verbringen den zweiten Weihnachtsfeiertag zusammen und lieben es."

Ist die Hoffnung auf eine solche Welt real? Eine Welt mit Freundschaftsspielen statt Feindseligkeiten?

Ja. Doch zuerst müssen wir verstehen, warum der Friede uns so oft durch die Finger rinnt.

Das Problem an meinem Tagebuch

Als Teenager führte ich ein Tagebuch. Ich schrieb darin, weil ich mich für einen ziemlich tollen Typen hielt und dachte, ich sei es der Menschheit schuldig, mein Leben schriftlich festzuhalten. Das Problem war nur: Woche für Woche bewies ich, dass ich das genaue Gegenteil eines tollen Typen war. Ich beschwerte mich über zu wenig Frieden auf der Erde, aber in meinem Tagebuch fand sich kein Beweis, dass ich selbst jemals die Waffen der Bosheit und des Spotts niederlegte. Ich fragte: „Wäre es nicht super, wenn jemand den Hungernden zu Essen geben würde?", und ging dann zu meinen Eltern, bat sie um mehr Taschengeld ... und verfutterte es. Ich erzählte von Dingen, die ich mit den Freundinnen meiner Schwester tun wollte, bei denen sich mir die Haare zu Berge gestellt hätten, wenn meine Freunde sie mit meiner Schwester gemacht hätten.

Rückblickend zeigt mein Tagebuch, dass es ein Problem in meiner Welt gab. Und dieses Problem war ich. Den Menschen in meinem Umfeld war das vermutlich schon vorher klar, aber als ich das erkannte, war es für mich ein echter Wendepunkt.

Doch dieses Problem habe nicht nur ich. Es ist bei uns allen dasselbe. Ist dir mal aufgefallen, dass wir, auch wenn wir uns Frieden wünschen, selbst diejenigen sind, die den Frieden ruinieren? Egal, ob global betrachtet oder im persönlichen Leben – überall da, wo es Konflikte gibt, war es ein Mensch, der ihn begonnen hat. Warum? Weil wir, obwohl wir alle Frieden wollen, ebenso diejenigen sein wollen, die die Bedingungen dafür festlegen. Tief in uns erwarten wir von jeder Beziehung, dass sie nach unseren Vorstellungen abläuft. Die meisten unserer Frustrationen, Spannungen und Auseinandersetzungen mit anderen entstehen zumindest zum Teil dadurch, dass andere Menschen nicht das tun, was wir von ihnen erwarten. Wenn wir ein Tagebuch führen würden, würden wir feststellen, dass es einen Slogan für unser Leben gibt: „Mein Leben, meine Regeln.“

Ich will damit nicht sagen, dass wir alle immer nur egoistisch und egozentrisch sind – wir sind auch zu immenser Großzügigkeit fähig. Selbst der Teenager Rico hatte ein paar gute Seiten! Aber in deinen ehrlichsten Momenten wirst du erkennen, dass etwas in dir ist, wodurch du manchmal selbstsüchtig, unbedacht oder sogar absichtlich gemein bist. Deshalb verletzen wir sogar die Menschen, die wir am meisten lieben. Weil etwas in uns sagt: „Mein Leben, meine Regeln." Und deshalb werden unsere Hoffnungen auf Frieden niemals ganz erfüllt. Doch es wird noch schlimmer.

Wir wählen den Konflikt

Wenn du wirklich wissen willst, was schiefläuft, musst du verstehen, dass das Problem nicht nur horizontal ist – es besteht nicht nur im Unfrieden da draußen, hier drinnen und unter uns. Die Bibel zeigt, dass die Wurzel des Problems vertikal ist. Nicht nur zueinander, sondern auch zu Gott sagen wir: „Mein Leben, meine Regeln." Gott hat alles erschaffen und erhält alles. Man sollte also meinen, dass wir sagen: „Deine Welt, deine Regeln." Stattdessen leben die Menschen aber so, als ob Gott nach ihren Regeln spielen und sich in ihre Pläne einfügen sollte. Sie wählen den Konflikt mit ihm statt den Frieden mit ihm. Diese Haltung nennt die Bibel „Sünde", und Sünde spielt eine größere Rolle, als du vielleicht denkst – denn für Gott ist sie entscheidend.

Sünde hat Folgen, weil Gott ein Gott der Gerechtigkeit ist und daher Sünde verurteilt. Das ist eine gute Nachricht, wenn wir Opfer von Sünde sind. Gott ist Gerechtigkeit nicht gleichgültig. Und wie wir gesehen haben, läuft er vor dem Bösen nicht davon und sieht nicht über Missbrauch hinweg. Es ist Gott nicht egal. Ich war schon an mehreren Punkten in meinem Leben Opfer echter Bosheit, und es tröstet mich, zu wissen, dass Ungerechtigkeit Gott ebenso wenig kalt lässt wie mich. Wenn du einmal Opfer von Sünde wurdest, dann darfst du wissen, dass Gott das nicht gleichgültig ist und er etwas dagegen unternehmen wird.

Gottes Gerechtigkeit ist also ein Trost. Aber sie ist auch eine Herausforderung, denn in Wahrheit sind zwar einige von uns Opfer, aber wir alle sind Rebellen. Es gibt keinen, der noch nie gesagt hätte: „Mein Leben, meine Regeln." Wie ich dich behandle, zählt vor Gott; wie du mich behandelst, zählt vor Gott; und wie wir die Welt behandeln, zählt vor Gott. Also müssen wir uns der Gerechtigkeit Gottes und den Folgen unserer Sünde stellen.

Jesus beschrieb die Folge der Sünde als Dunkelheit. Er sprach von einem Ort jenseits des Todes – einem Ort der „Finsternis. Dort fängt dann das große Weinen und Zähneknirschen an" (Matthäus 8,12). Stell dir ein Leben in permanenter Dunkelheit vor, ganz ohne Licht oder die Aussicht darauf, jemals wieder Licht zu sehen. Ein Leben jenseits des Todes, ohne Hoffnung, Sinn und Zuversicht, wo die einzigen Begleiter Tränen und Reue sind. Diesen Ort nannte Jesus „Hölle".

Die Bibel ist in diesem Punkt ganz deutlich: Wenn wir dem Herrn des Lichts den Rücken zukehren, finden wir uns in der Dunkelheit wieder. Gott wird uns den Folgen überlassen, die wir für unseren Konflikt mit ihm und für die Art, wie wir andere behandelt haben, verdient haben.

Doch es gibt Hoffnung. Denk an Jesajas Verheißung: „Das Volk, das im Dunkeln lebt, sieht ein großes Licht ... Denn ein Kind ist uns geboren, ein Sohn ist uns geschenkt ... Und dieser Name gehört zu ihm: ... kraftvoller Gott ... Friedensfürst" (Jesaja 9,1.5). Wenn du Frieden mit Gott finden willst, jetzt und in Ewigkeit, dann solltest du bei Jesus suchen. Auch wenn man diesen Frieden zu seinen Lebzeiten auf Erden noch nicht unbedingt erkannte.

Drei Schritte ins Paradies

Für einen Friedensfürst hat Jesus schon eine Menge Leute verärgert. Die religiösen und politischen Anführer seiner Zeit hatten ein Problem mit ihm, weil er sich nicht ihren Regeln, Absichten und Prioritäten beugte. Sie sahen Jesus als Bedrohung für ihre Macht, daher waren sie entschlossen, ihn töten zu lassen. Sie verschworen sich zusammen mit den römischen Herrschern, um Jesus heimlich gefangen zu nehmen, ihn in einem Schauprozess zu verurteilen und anschließend öffentlich hinzurichten. Die Anklage: Er behauptete, Gott zu sein. Die Strafe: Tod durch Kreuzigung – eine besonders brutale Methode der Todesstrafe. Und so wurde der,

der bei seiner Geburt in eine hölzerne Krippe gelegt worden war, nun an ein hölzernes Kreuz genagelt, um zu sterben.

Doch er war nicht der Einzige, der an diesem Tag hingerichtet wurde:

Zusammen mit Jesus wurden auch zwei Verbrecher zur Hinrichtung geführt. Als sie an die Stelle kamen, die „Schädel" genannt wird, kreuzigten sie ihn und die beiden Verbrecher, den einen rechts und den anderen links von ihm ...

Einer der beiden Verbrecher höhnte: „Bist du nicht der Messias? Dann hilf dir selbst und uns!" Doch der andere fuhr ihn an: „Hast du denn gar keinen Respekt vor Gott? Du bist genauso zum Tod verurteilt wie er, und du bist es mit Recht! Wir beide bekommen, was wir verdient haben, aber der da hat nichts Unrechtes getan."

Dann sagte er: „Jesus, denk an mich, wenn deine Herrschaft beginnt!" Jesus erwiderte ihm: „Ich versichere dir: Heute noch wirst du mit mir im Paradies sein." (Lukas 23,32-33.39-43)

„Heute noch wirst du mit mir im Paradies sein." Wenn man genauer darüber nachdenkt, ist das ein ungeheuerliches Angebot. Dieser Verbrecher erlitt gerade die Todesstrafe. Er war höchstwahrscheinlich ein Mörder oder Terrorist. Er war von der

Gesellschaft ausgestoßen und an ein Kreuz gehängt worden, um langsam zu ersticken.

Aber was verspricht ihm Jesus? Einen Ort des Friedens. Das ist es, was das Wort „Paradies" beschreibt. Es steht für Harmonie, Ganzsein und Seelenruhe.

Wie kann ein sterbender Mann zu einem anderen sterbenden Mann blicken und so ein Versprechen abgeben? In den Versen, die zu diesem Friedensangebot hinführen, gibt es drei Schlüsselmomente. Du kannst sie als drei Schritte sehen, um ins Paradies zu kommen.

Schritt 1 steht in den Versen 41-42: „Hast du denn gar keinen Respekt vor Gott?", fragt der Verbrecher. „Wir beide bekommen, was wir verdient haben."

Er sagt nicht: Ich bin ein Opfer. Er sagt nicht: Ich bin unschuldig. Es ist, als wäre das Tagebuch seines Lebens geöffnet und sein Herz offengelegt worden. Es gibt ein Problem in dieser Welt, und er weiß, dass er es ist. Er sagt: Ich habe es verdient, hier zu sein. Ich werde zu Recht bestraft – nicht nur von der Regierung, sondern auch von Gott. Er sieht sein Fehlverhalten ein. Mir begegnen nur selten Menschen, die im Hinblick auf ihre Fehler so ehrlich sind! Dabei wünschte ich mir, ich würde solche Menschen öfter treffen, denn das ist der erste Schritt.

Ich weiß nicht, was du von meinen Ausführungen zum Thema Sünde und Gericht zu Anfang dieses Kapitels hältst. Aber ich weiß, dass das unserer Gesellschaft nicht schmeckt. Doch das Christentum wird erst dann Sinn ergeben, wenn du deine Fehler einsiehst und sagst: „Ich habe mit einer ‚Mein-Leben-meine-Regeln'-Einstellung gelebt und verdiene das Gericht."

Der andere Verbrecher verspottete Jesus, doch sein Hohn änderte nichts an der Wahrheit darüber, was er getan hatte. Auch heute lacht die westliche Kultur über Sünde. „Was macht es schon?", fragen wir. Aber auch das ändert nichts an der Wahrheit. Unser Konflikt mit Gott ist real, ernst und unsere Schuld. Das zuzugeben ist tatsächlich wunderbar befreiend, weil es bedeutet, dass wir in der Lage sind zu erkennen, wer Jesus ist und was wir von ihm brauchen.

Und das ist *Schritt 2* – zu erkennen, dass Jesus der König ist, der kraftvolle Gott, der auf diese Erde gekommen ist. Das erkannte auch der Verbrecher. Er stellte fest: „Der da hat nichts Unrechtes getan" (V. 41), und sagte dann: „Jesus, denk an mich, wenn deine Herrschaft beginnt" (V. 42). Als er Jesus ansieht, sieht er keinen verzweifelten Menschen am Ende seines Lebens, sondern einen, der die Herrschaft in der Hand hält. Er sieht einen König. Einen König, der einen Sturm stillen, das Böse besiegen und Tote auferwecken kann und dessen „Herrschaft beginnt", obwohl sein irdisches Leben zu Ende geht.

Und deshalb – und das ist *Schritt 3* – schreit dieser Mann zu Jesus um Hilfe: „Jesus, denk an mich, wenn deine Herrschaft beginnt."

Der Verbrecher will nicht nur, dass Jesus sich weiter an ihn erinnert, sondern dass er für ihn eintritt. Stell dir ein Ehepaar vor. Wenn die Frau zu ihrem Mann sagt: „Schatz, denk dran, dass wir nächste Woche unseren Jahrestag haben", will sie nicht, dass ihr Mann einfach nur über diese Tatsache nachdenkt, sondern dass er etwas tut, zum Beispiel einen Tisch reserviert oder Blumen kauft. Dieser Verbrecher erkennt, dass Jesus ein Königreich hat, das über den Tod hinausgeht, und er will, dass Jesus für ihn eintritt, wenn er dort ankommt. Er bittet Jesus, ihn – einen verurteilten Verbrecher – an diesem Ort des Friedens aufzunehmen. Der Verbrecher hat Jesus nichts zu bieten, und doch bittet er um alles.

Was antwortet Jesus?

Er sagt nicht: Sorry, ich kann dir nicht helfen.

Er sagt nicht: Ich verrate dir, wie du dich selbst retten kannst. Lebe anständig, bete, liebe deinen Nächsten, geh in den Gottesdienst. Damit sicherst du dir einen Platz im Himmel.

Er sagt nicht: Du hast dich entschieden, mich und meine Herrschaft über dein Leben abzulehnen. Du hast eine Entscheidung getroffen, jetzt musst du damit leben.

Nein, Jesus sagt: „Ich versichere dir: Heute noch wirst du mit mir im Paradies sein." Keine Bedingungen, keine Qualifikationen, kein Herauszögern. Nur absolute Annahme, absolute Vergebung, absoluter Friede mit Gott.

Der Verbrecher kann nichts beitragen und erhält doch alles – kostenlos.

Zerbrochen

Doch auch wenn die Vergebung für den Verbrecher kostenlos war, war sie in Wirklichkeit alles andere als das: Sie kostete Jesus das Leben.

> *Inzwischen war es Mittag geworden. Da legte sich bis zur Mitte des Nachmittags eine schwere Finsternis über das ganze Land. Die Sonne hatte ihren Schein verloren, der Vorhang im Tempel riss mitten entzwei und Jesus schrie: „Vater, in deine Hände gebe ich meinen Geist." Mit diesen Worten starb er. (Lukas 23,44-46)*

Dieser dreistündige Zeitraum der tiefen Finsternis am helllichten Tag war keine Sonnenfinsternis. Sie war ein übernatürliches Zeichen – ein Zeichen von Gottes Urteil über die Sünde. Doch das Urteil traf nicht die Menschen, die es verdient hatten. Nicht sie starben inmitten der Finsternis – sondern Jesus.

In einer Welt des Konflikts und der Rebellion war Jesus der Einzige, der immer Frieden gewahrt hat. Wenn Jesus ein Tagebuch geführt hätte, würdest du darin vergeblich nach Fehlverhalten suchen. Keine Rebellion gegen Gott, kein selbstsüchtiges Verhalten gegenüber anderen – nie auch nur ein Moment des Grolls oder der Gier. Doch am Kreuz traf ihn Gottes Urteil. Als Jesus dort hing und starb, überließ ihn Gott den Folgen der Sünde der Menschen. Meiner Sünde. Jesus bezahlte für all das Unrecht, das ich in meinem Tagebuch festgehalten habe. Er nahm meine Fehler auf sich.

Und Jesus zahlte den Preis aus freiem Willen, um Frieden anbieten zu können.

Vor einigen Jahren, als ich mit dem Fahrrad in London unterwegs war, blieb ich mit dem Vorderrad in einem Gullydeckel stecken. Das Fahrrad stoppte abrupt, und ich flog kopfüber auf die Straße. Laut dem behandelnden Arzt wäre ich dabei wahrscheinlich gestorben, wenn ich keinen Helm getragen hätte. Aber ich *hatte* einen Helm getragen. Der ging dabei kaputt, aber ich stand einfach wieder auf. Ich war durchgerüttelt, aber es ging mir gut. Dank des Helms lebte ich noch.

Fahrradhelme absorbieren die Wucht des Aufpralls, damit sie nicht den Kopf trifft. Doch um den Stoß abzufangen, muss der Helm kaputt gehen. Als ich stürzte, zerbrach also mein Helm durch den Aufprall, durch den sonst ich umgekommen wäre. Das ist ein kleines und unzureichendes Bild dafür, was Jesus am Kreuz getan hat. Da war Gottes Sohn, der Gottes Urteil trug, dessen Zorn abbekam und die Dunkelheit, die mir zustand, auf sich selbst nahm. Er wurde zerbrochen, damit ich sicher bin.

Alles ändert sich

Der Friedensfürst wurde am ersten Weihnachten geboren, um am ersten Karfreitag zu sterben. Wenn wir nicht verstehen, warum Jesus gestorben ist, verstehen wir auch nicht, warum er kam. Er erlitt die Dunkelheit des Gerichts, damit der Verbrecher neben ihm und jeder andere, der ihn darum bittet, sie nicht erleiden muss; und damit wir, genauso wie er, ewig an Gottes Ort des Friedens sein können. Jesus bot dem Verbrecher Frieden mit Gott an, und das tut er noch heute. Die Schritte zum Frieden sind immer noch dieselben. Wenn wir uns unser Unrecht eingestehen, Jesus als Herrn annehmen und ihn bitten, uns zu retten, können auch wir Frieden erleben. Das ist alles, was wir machen müssen – aber wir müssen es machen.

Wie gesagt war es ein Wendepunkt in meinem Leben, als ich mein Tagebuch durchging und merkte, dass ich selbst das Problem in meinem Leben war. Es war ein Wendepunkt, weil es der erste dieser drei Schritte ins Paradies war. Schließlich kam ich auf das Angebot Jesu zurück.

Und wenn wir das tun, verändert sich alles.

Es verändert die Dinge hier drinnen, in unserem Inneren. Frieden mit Gott zu haben bedeutet, dass wir fröhlich und zuversichtlich durch die Welt gehen können, weil wir Frieden mit dem haben, dem all das gehört. Wenn du etwas vergeigst, musst du es nicht ignorieren, verstecken oder eine gute

Entschuldigung finden. Du kannst ehrlich sein. Das ist einfach befreiend. Es verändert die Dinge unter uns.

Gottes Geist kommt im Leben derer, die zu ihm gehören, zum Tragen. Er heilt zerbrochene Beziehungen und macht aus Feinden Freunde. Weil wir wissen, wie viel Gott uns vergeben hat, können wir lernen, anderen zu vergeben. Wir können diese zwei Sätze sagen, die für Harmonie in einer Beziehung so entscheidend sind: „Es tut mir leid, ich habe mich falsch verhalten" und „Ich vergebe dir". Das wird nicht immer einfach sein, es wird nicht immer perfekt aussehen und Zeit in Anspruch nehmen. Aber Gottes Friede gibt uns echte Hoffnung für all unsere Beziehungen. Damit Weihnachten friedlich abläuft, muss es in den meisten Familien mindestens einen geben, der es schafft, nicht zu explodieren, sondern zu vergeben und weiterzumachen, und es ist der Heilige Geist, der in Menschen wirkt und sie dazu befähigt.

Und eines Tages wird auch da draußen Frieden sein. Es gibt Hoffnung für unsere bittere und zerbrochene Welt. Die Geschichte steuert auf etwas Gutes zu. Eines Tages wird der Friedensfürst die ganze Schöpfung wiederherstellen und in einen Zustand des *Schalom* – des echten Friedens – zurückbringen. Vollständig, endgültig und für immer.

All das ist möglich durch Jesus, den kraftvollen Gott, der gleichzeitig auch der Friedensfürst ist. Sein Tod bedeutet, dass wir, während wir durch das

Tagebuch unseres Lebens blättern und die Beweise für unsere Sünde sehen, zuversichtlich zu ihm sagen können: „Es tut mir leid, ich habe mich falsch verhalten." Und als Antwort hören wir ihn die Worte des Trostes sagen: „Ich vergebe dir. Du wirst mit mir im Paradies sein."

4.

SINN

Hast du schon mal vom *Blue Monday* gehört? Vielleicht nicht. Aber du hast ihn wahrscheinlich schon mal erlebt. Es ist der dritte Montag im Januar, und er gilt als der trostloseste (engl. *blue*) Tag des Jahres. Weihnachten ist vorbei. Die Flut der Kontoabbuchungen verebbt, die Diät nach dem Festschmaus ist im Gange, die Batterien in den Geschenken müssen ausgetauscht werden – genauso wie unsere Neujahrsvorsätze –, und draußen ist es noch dunkel. Die Hektik der Vorweihnachtszeit ist vorbei, und der Silvesterspaß gehört der Vergangenheit an. All die Mühe – und dann kommt der Januar und fühlt sich genauso an wie der im vergangenen Jahr und der im nächsten. Die Sache an Weihnachten ist die, dass sich, bis auf deinen Kontostand, nicht wirklich etwas verändert. Am *Blue Monday* sind die Menschen an einem Punkt angelangt, an dem sie sich fragen: „Wozu das Ganze?"

Der dritte Montag im Januar ist natürlich nicht der einzige Zeitpunkt, an dem Menschen das erleben. Neulich war ich auf einem Klassentreffen. Ich unterhielt mich mit einem Mitschüler von damals, und wir sprachen darüber, was in den letzten 35 Jahren seit Ende der Schulzeit geschehen ist. Mein Bekannter war schonungslos ehrlich: „Ich habe mein Leben damit verbracht, von einer Sache zur nächsten überzugehen", sagte er. „Ich habe einfach vor mich hin gelebt." Für ihn fühlte sich das Leben irgendwie leer an – als wäre es eine Art Antiklimax. Wozu das Ganze?

Ich weiß noch, dass ich Ähnliches erlebte, als ich nach dem Tod meiner Eltern deren Haus ausräumte. Sie hatten ein erfülltes, gutes Leben gehabt. Das Haus war voller Erinnerungen an ihr Leben, das gut gelebt worden war. Doch als ich mich umsah und all die gewonnenen Pokale, die Meilensteine und Fotos glücklicher Weihnachtsfeiern sah, dachte ich nur: „Welchen Unterschied hat das schon gemacht?" Die Realität des Todes ließ die vorangegangenen acht Jahrzehnte des Lebens plötzlich so seltsam unbedeutend erscheinen. Meine Eltern waren da und dann nicht mehr. Wozu das Ganze?

Das Problem ist Folgendes: Wir alle hoffen, dass unser Leben etwas bedeutet. Wir wollen einen Unterschied machen, ein Vermächtnis hinterlassen, etwas aufbauen, das die Mühe wert ist. Einen Sinn und Zweck im Leben zu haben hilft uns, morgens aus dem Bett zu kommen und in schweren Zeiten weiterzumachen. Aber was ist dein Sinn, abgesehen davon, einfach nur zu leben? Und wenn du einen gefunden hast, überdauert dieser Sinn auch deinen Tod? Tatsache ist, dass Dinge enden. Weihnachten kommt und geht. Lebensphasen ziehen an uns vorüber. Und das Leben selbst flackert wie eine Kerze, bis es schließlich erlischt. Das klingt deprimierend, ist aber wahr. Wie mir durch das Räumen meines Elternhauses bewusst wurde, verhöhnt der Tod all unsere Errungenschaften und Habseligkeiten.

Deshalb musste auch jede Kultur in der Menschheitsgeschichte einen Weg finden, mit der Realität des Todes umzugehen.

Und die westlichen Gesellschaften des 21. Jahrhunderts gehen so damit um: Zuerst leugnen wir ihn. Wir tun einfach so, als gäbe es den Tod nicht. In meiner Nachbarschaft liegt ein riesiger Spielplatz. Meine Kinder lieben ihn. Jahrhundertelang hatte sich an seiner Stelle jedoch ein Friedhof befunden, mitten in der Wohngegend. Dann verlagerte man den Friedhof einige Kilometer weiter weg hinter eine hohe Mauer, sodass er außer Sichtweite war, und legte stattdessen einen Spielplatz an. Das steht für mich symbolisch dafür, wie wir als Gesellschaft mit dem Tod umgehen. Wir verstecken ihn. Wir tun so, als würde er nicht eintreffen.

Zweitens versuchen wir, ihn herunterzuspielen. Denk mal an all die Umschreibungen, mit denen wir versuchen, dem Sterben seinen finalen Klang, diesen Beigeschmack der Endgültigkeit zu nehmen. Wir scheiden dahin. Wir segnen das Zeitliche. Wir legen unsere irdischen Kleider ab. Wir schauen uns die Radieschen von unten an.

Wir verwandeln uns in Schutzengel oder Sterne am Nachthimmel. Alles, damit der Tod nicht so endgültig klingt. Es gefällt uns, wie es Professor Dumbledore in einem von J. K. Rowlings Harry-Potter-Büchern formuliert: „Schließlich ist der Tod für den gut vorbereiteten Geist nur das nächste große Abenteuer."

Doch dann holt uns die Realität ein. Wir gehen auf die Beerdigung eines Arbeitskollegen. Einer unserer Liebsten stirbt. Wir selbst erhalten eine unheilbare Diagnose. Dann können wir die Wirklichkeit des Todes nicht mehr verleugnen oder herunterspielen, wie sehr er schmerzt. Der Tod ist für diejenigen, die zurückbleiben, kein Abenteuer, sondern eine bittere Pille! Der Tod nimmt uns unsere Liebsten. Und solche Menschen – Menschen, die uns lieben und für uns da sind – findet man nicht an jeder Straßenecke.

Wenn wir uns dieser Realität stellen müssen, ist alles, was bleibt, die Verzweiflung, denn der Tod beraubt das Leben seiner Bedeutung. John-Paul Sartre, der atheistische Philosoph des 20. Jahrhunderts, scheute sich nicht, der Realität des Todes ins Auge zu sehen und die logische Schlussfolgerung aus seinen Ansichten zu ziehen. In seinem Roman *Der Ekel* schrieb er:

Wenn man lebt, passiert nichts. Die Szenerie wechselt, Leute kommen und gehen, das ist alles. Es gibt nie Anfänge. Ein Tag folgt dem

anderen, ohne Sinn und Verstand, ein unauf-
hörliches, eintöniges Aneinanderreihen ...

So dachte Sartre. Doch die wenigsten von uns wollen, dass er recht hatte! Kaum einer will leben, als gäbe es keinen wirklichen Grund für seine Existenz, als wären all die Erfolge und Misserfolge bedeutungslos. Und doch hätte Sartre recht, wenn das Leben mit dem Tod enden würde. Wenn wir also eine Bedeutung im Leben finden wollen, müssen wir eine Antwort auf den Tod finden.

Kein Leichnam

Am Ende des Tages, den wir heute als Karfreitag kennen, schien Jesus der Letzte zu sein, bei dem man nach Antworten in Bezug auf den Tod suchen sollte. Er hatte hochtrabende Behauptungen aufgestellt, einige erstaunliche Dinge getan, Hoffnungen aufleben lassen ... und war dann gestorben. Sein Leichnam wurde in eine Gruft gelegt und deren Eingang mit einem schweren Stein verschlossen. Aus und vorbei.

Das war am Freitag. Doch dann kam der Sonntag. Und das Herzstück des christlichen Glaubens ist die Überzeugung, dass an diesem Sonntagmorgen etwas Außergewöhnliches passierte – etwas, das den Tod seiner Macht berauben und dem Leben den Sinn verleihen kann, nach dem wir uns so sehr sehnen.

Das letzte Kapitel des Lukasevangeliums beginnt so:

Am ersten Tag der neuen Woche, ganz in der Frühe, nahmen die Frauen die wohlriechenden Öle, die sie zubereitet hatten, und gingen zur Felsengruft. (Lukas 24,1)

Kannst du dir vorstellen, was die Jüngerinnen Jesu fühlten, als sie an diesem Sonntagmorgen zum Grab eilten? Ich vermute mal, es war eine Mischung aus Trauer angesichts des Todes ihres Lehrers, Angst vor den Obrigkeiten, die ihn getötet hatten, und Hoffnungslosigkeit, weil sie gewagt hatten zu glauben, dass Jesus tatsächlich der mächtige Gott und Friedensfürst war. Jetzt aber lag er leblos hinter dem massiven Stein einer kalten Gruft. Alles schien schiefgelaufen zu sein.

Doch zu dieser Trauer, Angst und Hoffnungslosigkeit sollte auch noch ein großer Schock hinzukommen:

Da sahen sie, dass der Stein, der den Eingang verschlossen hatte, weggewälzt war. So gingen sie in die Grabhöhle hinein, fanden den Leib von Jesus, ihrem Herrn, aber nicht. Während sie noch ratlos überlegten, standen plötzlich zwei Männer in leuchtenden Gewändern bei ihnen. Die Frauen erschraken und blickten zu Boden. Doch die beiden Männer sagten zu ihnen: „Was sucht ihr den Lebendigen bei den Toten? Er ist nicht hier, er ist auferstanden. Erinnert ihr euch nicht an das, was er euch in Galiläa sagte, dass der Menschensohn in die Hände sündiger Menschen ausgeliefert und gekreuzigt werden muss und dass er am dritten Tag auferstehen würde?" Da erinnerten sie sich an seine Worte. (Lukas 24,2-8)

Kein Stein vor dem Eingang. Kein Leichnam im Grab. Zwei Engel in leuchtenden Gewändern. (Falls dich die Erwähnung der Engel ratlos macht, bist du nicht allein – die Frauen senkten den Blick zu Boden, als sie ihnen begegneten. Denn sie wussten: Das war nicht normal.)

Und dann kommt die Nachricht, die ihr Leben für immer verändern wird – die die Welt für immer verändern wird. Sieben kurze Worte: „Er ist nicht hier, er ist auferstanden."

Jesus lebt.

Das ist die Botschaft, die das Herzstück des Christentums bildet und mit der der gesamte christliche Glaube steht und fällt: Jesus starb und erwachte wieder zum Leben.

Beweise oder Befangenheit?

Es überrascht mich nicht, wenn das für dich schwer zu glauben ist. Es ist schwer zu glauben, dass jemand von den Toten aufersteht. So etwas passiert einfach nicht. Das wussten auch die Menschen damals:

Sie [die Frauen] verließen die Felsengruft und berichteten alles den elf Aposteln und den übrigen Jüngern ... Doch die hielten das für leeres Geschwätz und glaubten ihnen nicht. (Lukas 24,9.11)

Keiner der Freunde Jesu zog irrationale Schlüsse. Die Menschen im 1. Jahrhundert wussten ebenso wie wir, dass Tote nicht auferstehen – es widerspricht den Naturgesetzen.

Und doch ... verkündeten innerhalb weniger Wochen genau die Männer, die die Auferstehung gerade als leeres Geschwätz abgetan hatten, dass Jesus lebte – dass Gott die Naturgesetze umgekehrt und seinen Sohn von den Toten auferweckt hatte. Innerhalb weniger Jahrzehnte wurde aus dem Nischenglauben einer Handvoll Männer und Frauen in Jerusalem etwas, das Tausende von Menschen überall in der antiken Welt für sich in Anspruch nahmen. Mit der Zeit schaffte es die kleine Start-up-Religion sogar, am gesamten Römischen Reich zu rütteln. Und in diesen Jahrzehnten starben viele der engsten Nachfolger Jesu, weil sie behaupteten, dass er auferstanden war. Sie meinten es mit dieser Botschaft so ernst, dass sie bereit waren, sich dafür töten zu lassen.

Was hatte sich geändert? Woher kam dieser enorme Paradigmenwechsel, der sie dazu veranlasste, die Auferstehung nicht länger als leeres Geschwätz abzutun, sondern ihr Leben dafür aufzugeben?

An diesem Sonntagabend, als die Jünger beisammen waren, passierte Folgendes:

Während sie noch erzählten, stand der Herr plötzlich selbst in ihrer Mitte. „Friede sei mit euch!", grüßte er sie.

Doch sie erschraken sehr und bekamen Angst, weil sie meinten, einen Geist zu sehen. „Warum seid ihr so erschrocken?", sagte Jesus zu ihnen. „Warum kommen euch solche Gedanken? Seht euch meine Hände an und meine Füße: Ich bin es ja! Berührt mich doch und überzeugt euch selbst! Denn ein Geist hat weder Fleisch noch Knochen, wie ihr es aber an mir seht."

Mit diesen Worten hielt er ihnen seine Hände hin und zeigte ihnen seine Füße. Und als sie es in ihrer Freude und Verwunderung immer noch nicht glauben konnten, fragte er: „Habt ihr etwas zu essen hier?" Da gaben sie ihm ein Stück gebratenen Fisch. Er nahm es und aß es vor ihren Augen auf.

Dann sagte er zu ihnen: „Nun ist in Erfüllung gegangen, was ich euch gesagt habe, als ich noch bei euch war: Alles, was im Gesetz des Mose, in den Propheten und Psalmen über mich geschrieben steht, musste sich erfüllen."
(Lukas 24,36-44)

Jesus gab ihnen, und auch uns heute, Beweise – Beleg um Beleg –, dass er es wirklich ist; dass er auferstanden ist. Allein bei dieser Begebenheit in dem Raum erschien er ihnen, sprach zu ihnen, zeigte ihnen die Narben von den Nägeln an seinen Händen und Füßen, lud sie ein, sie zu berühren und zu prüfen, und aß anschließend etwas. Und er erklärte ihnen, dass das Geschehene Jahrhunderte zuvor von Propheten wie Jesaja vorausgesagt worden war, nämlich, dass er wirklich der war und ist, den Gott zu senden versprochen hatte; der, der gegeben wurde, um Licht in die Finsternis zu bringen.

Und das war nur eine einzige Begebenheit. Danach sahen viele Menschen Jesus zu unterschiedlichen Zeitpunkten und sprachen mit ihm, mal in kleinen Gruppen und mindestens einmal bei einer Zusammenkunft von Hunderten von Menschen!

Deshalb waren die ersten Nachfolger Jesu bereit, für die Aussage, dass er lebte, zu sterben. Sie waren nicht einfach nur bereit, für etwas zu sterben, das sie für wahr hielten, wie es heute Märtyrer von Religionen oder Sekten tun. Sie waren bereit zu sterben, weil sie gesehen hatten, dass es wahr ist. Das ist ein großer Unterschied.

Man könnte noch viel mehr in Bezug auf die Beweise für Jesu Auferstehung von den Toten sagen; darüber wurden ganze Bücher geschrieben. Aber ich hoffe, dass du auch nach einigen Abschnitten allmählich siehst, dass alles zusammenpasst. Dass es um Tatsachen geht, nicht um ein Märchen.

Oder um es mal von der anderen Seite her zu denken, frage dich: Gibt es eine bessere historische Erklärung für die Ereignisse am ersten Sonntag, die eindeutig belegt ist?

Zunächst mal haben wir das leere Grab. Nicht einmal die Feinde Jesu verleugneten zu dieser Zeit, dass sein Leichnam weg war. Wenn also Jesus nicht auferstanden war, wo war dann sein Leichnam? Hätten die Machthaber ihn gestohlen, hätten sie ihn doch sicher wieder herausgerückt, als die Freunde Jesu anfingen, von einer Auferstehung zu reden. Hätten die Jünger ihn genommen, hätte das mit Sicherheit mindestens einer von ihnen gestanden, als man anfing, sie für ihre Behauptungen zu verhaften, zu foltern oder ihnen noch Schlimmeres anzutun.

Zweitens wäre da die Veränderung der Jünger Jesu und das explosionsartige Wachstum des Christentums im 1. Jahrhundert. Aus einer kleinen Gruppe niedergeschlagener, eingeschüchterter Männer und Frauen, die sich hinter verschlossenen Türen versteckten, wurde schnell ein wachsendes Netzwerk von Gemeinschaften, die selbst im Angesicht des Todes voller Freude und Zuversicht über Jesus redeten. Ja, sie waren sogar so voller Freude und Zuversicht, dass ihre Lehren zuerst den östlichen Mittelmeerraum, dann das Römische Reich und mit der Zeit sogar die Welt revolutionierten, indem sie ganz neu über den Wert eines Menschenlebens, die Gleichheit aller Menschen, Beziehungen,

Machtgebrauch und vieles mehr dachten.[3] Was sonst hätte all das verursachen können? Welche andere Erklärung passt so gut zu den Tatsachen?

Was ich sagen will, ist Folgendes: An die Auferstehung zu glauben bedeutet nicht, dass man einer vorgefassten Meinung folgt – sondern man folgt historischen Fakten. Die Bibel fordert nicht von dir, mit geschlossenen Augen kopfüber ins Ungewisse zu springen. Vielmehr ermutigt sie dich dazu, dir mit geöffneten Augen die Beweise anzusehen und Schritte im Glauben zu machen. Wahrer Glaube heißt nicht, etwas trotz der Beweise zu glauben, sondern trotz der Konsequenzen.

Wenn das wahr ist, ist es wunderbar. Es verändert alles.

Nadel und Faden

Wenn Jesus von den Toten auferstanden ist, ist das der ultimative Beweis dafür, dass er wirklich der kraftvolle Gott und Friedensfürst ist, der durch Jesaja verheißen wurde. Seine Auferstehung ist außerdem so entscheidend, weil sie den dritten der

---

3 Wenn du mehr darüber wissen willst, wie die Werte, an denen wir heute festhalten, von der christlichen Botschaft angestoßen und geformt wurden, lies das faszinierende Buch *Wie die Luft, die wir atmen* von Glen Scrivener (Christliche Verlagsgesellschaft, 2023).

vier Titel bestätigt, mit denen Jesaja Jesus vorstellt. Wenn Jesus aus dem Totenreich zurückkam, ist er ewig – und er bietet uns an, unser „Vater der Ewigkeit" oder – anders gesagt – „ewiger Vater" zu sein.

Ich weiß nicht, was für einen Vater du hast oder hattest. Vielleicht war er großartig. Aber vielleicht war dein Vater auch nie da, oder, wenn er da war, hast du dir gewünscht, er wäre es nicht. Doch das Bild des ewigen Vaters – das Bild jedes guten Vaters in der Bibel – beschreibt jemanden, der die Dinge in Ordnung bringt. Ein solcher Vater kümmert sich um dich, führt Dinge zu Ende und sorgt dafür, dass seine Familie in Sicherheit ist. Das ist es, was ein Vater tun sollte, und somit ist es auch das, was die Bezeichnung „Vater der Ewigkeit" uns darüber verrät, wer Jesus ist und was er tut. Er bringt die Ewigkeit in Ordnung, indem er das Problem des Todes in Ordnung bringt.

Wenn Jesus den Tod überwunden und das ewige Leben erlangt hat, kann er das auch für dich und mich tun. In seiner Auferstehung ist Jesus wie eine Nadel, die durch einen Stoff geführt wird, und wir sind wie der Faden. Er durchbricht den Tod und kommt auf der anderen Seite wieder hervor. Und wenn wir mit ihm verbunden sind, folgen wir ihm hindurch. Ja, wir werden trotzdem sterben. Aber wie Jesus werden wir in dem herrlichen neuen Leben auf der anderen Seite herauskommen.

Hierin liegt die Antwort auf den Tod, die wir alle brauchen. Mit Jesus ist der Tod keine Sackgasse, sondern der Eingang zu dem Paradies, das

Jesus dem Verbrecher versprach, als sie beide an ihren Kreuzen hingen. Das bedeutet, dass wir den Tod weder herunterspielen noch verleugnen noch in seinem Angesicht verzweifeln müssen. Jesus hat den Tod besiegt. Seine Auferstehung ist ein Vorgeschmack auf die Auferstehung, die jeder von uns erlebt, der mit ihm verbunden ist. Wenn ich als Pastor eine Beerdigung leite, ist einer der tröstendsten und hoffnungsvollsten Momente der, wenn ich zu Beginn sage: „Jesus spricht: Ich bin die Auferstehung und das Leben", denn dadurch sagt er: Du kannst mir deinen Tod anvertrauen.

Echter Sinn

Aber es ist nicht nur das. Als unser ewiger Vater lädt uns Jesus ein, Teil des Familienunternehmens zu sein. Er gibt uns Aufgaben – Aufgaben mit ewiger Wirkung.

Als ich mich mit dem erwähnten Bekannten auf dem Klassentreffen unterhielt, wurde mir klar, dass er seinen Sinn in allen möglichen Dingen suchte und sich für ihn letztendlich alles irgendwie sinnlos anfühlte. Dann war ich an der Reihe zu erzählen, wohin mich das Leben geführt hatte. Daraufhin sagte er: „Ich habe mein Leben damit verbracht, von einer Sache zur nächsten überzugehen. Ich habe einfach vor mich hin gelebt." Dann fügte er hinzu: „Aber du ... du hattest einen echten Sinn."

Auch auf die Gefahr hin, prahlerisch zu wirken, kann ich sagen, dass er recht hatte. Nicht, weil ich es besser als er fertiggebracht hätte, meinem Leben einen Sinn zu verleihen, sondern weil ich Christ bin – und Christen wurde eine Antwort auf diese bohrende Frage „Wozu das alles?" gegeben.

Ich erinnere mich noch an den Moment, als mir das klar wurde. Nicht lange, nachdem ich Christ geworden war, zeigte mir ein Freund einen Bibelvers, der meine Perspektive vollkommen verändert hat. Er steht in dem Buch der Bibel, in dem der Verfasser Paulus gerade die Beweislage für die Auferstehung ausgeführt und erklärt hat, inwiefern das garantiert, dass Christen auch über den Tod hinaus leben. Dann schließt er mit der Erklärung, dass diese Hoffnung in Bezug auf die Zukunft das verändert, was wir im Hier und Jetzt machen:

Darum bleibt standhaft, liebe Geschwister, lasst euch nicht erschüttern! Tut immer euer Bestes für die Sache des Herrn, denn ihr wisst: In Verbindung mit dem Herrn ist eure Mühe nie umsonst. (1. Korinther 15,58)

Als ich diesen Vers zum ersten Mal las, ging mir regelrecht ein Licht auf. Jesu Auferstehung gab mir Hoffnung im Hinblick auf den Tod. Und das bedeutet, dass der Gedanke an den Tod mein Leben nicht mehr seiner Bedeutung beraubt. Nichts ist umsonst, sondern alles, was ich tue, kann Teil von etwas sein, das über meine Lebenszeit hinausgeht – „die Sache des Herrn". Ich habe einen Sinn, für den ich lebe, weil ich eine Person habe, für die ich lebe: Jesus Christus, den kraftvollen Gott, Vater der Ewigkeit und Friedensfürst.

Jesu Auferstehung bedeutet, dass alles, was ich tue, eine Bedeutung hat – nicht wegen dem, was ich tue, sondern wegen dem, für den ich es tue. Und Jesus lädt auch dich ein, dein Leben damit zu verbringen, aktiv an etwas beteiligt zu sein, das für immer Bestand hat. Das klingt krass, aber die Wahrheit ist, dass wir letztendlich enttäuscht werden, wenn wir unseren Lebenssinn an irgendetwas anderem festmachen. Doch Jesus wird uns nicht enttäuschen. Die Auferstehung ist die großartige – und die einzige – Antwort auf John-Paul Sartres Behauptung, unser Dasein sei zwecklos. Die Auferstehung bedeutet, dass es sehr wohl einen Zweck gibt: Dinge zu tun, die für die Ewigkeit zählen – eine Ewigkeit, die jeder, der auf Jesus vertraut, selbst genießen wird. Unser Leben kann mehr sein als einige Sätze im großen Ganzen der Geschichte. Wenn wir gehen, werden wir nicht zerknüllt, vergessen und als bedeutungslos abgetan. Nein, unser Leben kann eine echte Bedeutung haben. Wenn wir mit Jesus als unserem ewigen Vater leben, ist alles, was wir mit ihm und für ihn tun, in seine übergeordnete Geschichte eingewebt – eine Geschichte, die nicht mit dem Tod endet, sondern danach nur noch viel besser wird.

5.

ZUVERSICHT

Ich liebe Weihnachtslichter. Die Gemeinde im Londoner Stadtzentrum, in der ich arbeite, ist nur wenige Blocks von der *Oxford Street* entfernt, einer der geschäftigsten Einkaufszonen des Landes – mit entsprechendem Budget für die Weihnachtsbeleuchtung. Ich liebe es, dort entlangzulaufen und nach oben auf die Lichter zu blicken, die sich vor dem Hintergrund des dunklen Nachthimmels abheben, während die Kauflustigen, Pendler und Touristen unter ihnen herumwuseln.

Die meisten haben schon lange vergessen, warum wir im Dezember traditionell Lichter in den Straßen und an unseren Häusern und Bäumen aufhängen: nämlich, um uns daran zu erinnern, dass es an Weihnachten um ein großes Licht geht, das in die Welt kam und vor dem Hintergrund tiefster Finsternis schien. Jedes Jahr zur Weihnachtszeit dürfen wir uns an diese Worte des Propheten Jesaja erinnern: „Das Volk, das im Dunkeln lebt, sieht ein großes Licht." Warum? Weil am ersten Weihnachten ein Kind geboren wurde, das der kraftvolle Gott, der Friedensfürst und Vater der Ewigkeit war. Jesus gibt

Hoffnung, weil er der kraftvolle Gott ist, der die Kraft hat, unsere tiefsten Bedürfnisse zu stillen. Jesus gibt Frieden, weil er der Friedensfürst ist, der die Barriere zwischen uns und Gott niederreißt. Und Jesus gibt unserem Leben Sinn, weil er der Vater der Ewigkeit ist, dessen großer Sieg über den Tod dem Leben den Sinn gibt, nach dem wir uns sehnen.

Das ist meine Frage im letzten Kapitel dieses Buches: Willst du Jesus bitten, derjenige für dich zu sein, als den Jesaja ihn beschrieb – der „wunderbare Berater?"

Besser und sicherer

Manchmal ist das Leben verwirrend. Wir stehen vor Entscheidungen, von denen wir wissen, dass sie unser Leben enorm beeinflussen, und wissen nicht, welchen Weg wir einschlagen sollen. Wir ringen mit Fragen, von denen wir wissen, dass sie uns und unseren Liebsten wirklich viel bedeuten, doch unsere Antworten bleiben immer nur ein Rätselraten. Wir bereuen Wege, die wir *nicht* eingeschlagen haben. Das Leben ist oftmals keine gut ausgeleuchtete, dreispurige Autobahn, sondern erscheint wie ein dunkler, schmaler Feldweg, auf dem wir uns ohne Navi zurechtfinden müssen.

Mit anderen Worten brauchen wir das, was Jesaja einen „Berater" nennt: jemanden, der dich durch das Leben führt – jemanden, den du als vertrauenswürdigen Sachverständigen ansiehst und auf dessen Rat du immer hörst. Wir alle sehen jemanden als unseren Berater an: Eltern, einen Guru, einen Star, meistens jedoch einfach nur uns selbst – und das, was wir als richtig empfinden.

Doch es gibt keinen Berater, der so wundervoll ist wie Jesus. Immerhin versteht niemand diese Welt besser als der, der sie gemacht hat. Niemand sonst versteht uns so gut wie der, der uns geformt hat. Niemand sonst sieht die Zukunft so klar und deutlich wie der, der sie lenkt. Und niemand sonst hat sich als so vertrauenswürdig erwiesen wie der, der aus Liebe und freiwillig als Kind in das Chaos dieser Welt hineinkam und am Kreuz starb. Wer sonst wäre geeigneter, uns zu zeigen, wie wir durchs Leben gehen sollen – mit allen Höhen und Tiefen, in allen schönen und traurigen Momenten?

Hieraus können wir tiefe Zuversicht schöpfen. Wenn Jesus dein Berater ist, musst du die wichtigsten Entscheidungen deines Lebens nicht mehr auf Mutmaßungen stützen, seien es deine eigenen oder die eines anderen. Du musst nicht mehr nachts wach im Bett liegen und dir Sorgen machen, dass du falsch abbiegen könntest. Du musst nicht mehr so tun, als ob, bis du dir selbst glaubst, oder den großen Fragen des Lebens aus dem Weg gehen, weil du keine Antworten darauf hast. Du kannst einfach Jesus als deinen Gott annehmen und ihm als deinem wunderbaren Berater vertrauen. Du kannst in dem Wissen Ruhe finden, dass er weiß, was das Beste für dich ist, und es dir zeigen kann, während du versuchst, nach seinem Willen zu leben. Und du kannst dir sicher sein: Wenn du es doch vermasselst, ist er da und hilft dir, die Scherben zusammenzufegen.

So zu leben macht den Unterschied, wenn schwere Zeiten kommen. Zu Beginn des Zweiten Weltkriegs, als Großbritannien an Weihnachten 1939 einer konfliktreichen und ungewissen Zukunft entgegensah, hielt König Georg VI., Vater von Königin Elisabeth II., seine alljährliche Weihnachtsansprache. Darin zitierte er ein Gedicht von Minnie Louise Haskins:

Und ich sagte zu dem Mann, der am Tor des Jahres stand:
„Gib mir ein Licht, damit ich sicher ins Unbekannte treten kann."
Und er antwortete:
„Geh hinaus in die Dunkelheit und lege deine Hand in die Hand Gottes.
Das soll für dich besser sein als Licht und sicherer als ein bekannter Weg."
(God Knows, oder Das Tor des Jahres, 1912[4])

Niemand, der seine Hand in die von Jesus legt und ihn bittet, ihn durch das nächste Jahr, ja, durch sein gesamtes Leben und schließlich sogar durch den Tod hindurchzuführen, wird es jemals bereuen.

---

4   https://de.wikibrief.org/wiki/The_Gate_of_the_Year

Das Geschenk, das du brauchst

Ich hoffe also, dass du diese Frage mitnimmst, nachdem du dieses Buch gelesen hast: Was für eine Art von Geschenk ist deiner Meinung nach das am ersten Weihnachten geborene Baby?

Im November 2010 erhielt eine Familie ein verfrühtes „Weihnachtsgeschenk", als sie bei einer Auktion eine alte Vase versteigerte, die sich seit Jahren im Familienbesitz befand und die sie kurz zuvor geerbt hatte. Wie sich herausstellte, handelte es sich um eine chinesische Qianlong-Vase aus der Mitte des 18. Jahrhunderts. Bei der Auktion wurde sie für 53 Millionen Britische Pfund verkauft. 53 Millionen! Eine Vase, millionenschwer.

Als ich davon hörte, wurde ich ganz aufgeregt. Meine Großmutter hat ihre Kindheit in Singapur verbracht und mir eine sehr alte Vase hinterlassen. Das war mein Ticket heraus aus dem Rest meines Arbeitslebens! Ich begann, mich nach Immobilienpreisen auf den Bermudas zu erkundigen. Doch dann fragte ich irgendwann jemanden, der sich mit solchen Dingen auskennt, was die Vase meiner Großmutter denn eigentlich wert war. Nach einem kurzen Blick auf das Erbstück verriet man mir ihren tatsächlichen Wert. Nun ja ... ich arbeite immer noch sechs Tage die Woche, und wir waren immer noch nicht auf den Bermudas.

Die meisten Menschen gehen durchs Leben in dem Denken, Jesus sei wie meine Vase. Wenn er überhaupt gelebt hat, hat er keine Bedeutung. Seine Geburt ist einfach nur eine Ausrede, um ein paar Tage freizunehmen und ein Fake-Lächeln aufzusetzen, wenn man uns ein Duschgel schenkt, das wir nicht wollen, oder Socken, die wir nicht brauchen. Das war's.

Doch wenn Jesus wirklich der ist, der von Jesaja verheißen wurde und der er selbst zu sein behauptete – wenn Jesus als Beweis dafür von den Toten auferstanden ist –, dann ist er ein Geschenk, das mehr wert ist als diese Qianlong-Vase.

Vielleicht hast du schon vor Jahren oder Jahrzehnten von ihm gehört, aber nie seinen Wert realisiert. Vielleicht war er für dich lange Zeit nur Nebensache, und du hast seine Bedeutung nie begriffen. Doch wenn Jesus der ist, der er zu sein behauptet, dann bietet er etwas, das du dir mit keinem Geld der Welt jemals kaufen könntest. Wenn er der kraftvolle Gott ist, der uns Hoffnung geben kann, der Friedensfürst, der uns Vergebung schenken kann, der Vater der Ewigkeit, der unserem Leben einen Sinn verleihen kann, und der wunderbare Berater, der uns Zuversicht im Leben spenden kann, dann ist er der, den wir alle tief im Inneren schon immer gesucht haben. Er ist der Eine, den wir alle wirklich brauchen.

Wenn du dir in diesem Jahr zu Weihnachten irgendetwas wünschen könntest, was wäre es? Was stünde auf deinem ultimativen Weihnachtswunschzettel? Ich gehe mal davon aus, dass du dir – mehr als jeden materiellen Besitz und mehr als jede Veränderung deiner Umstände – ein Leben der Hoffnung, des Friedens, mit Sinn und Zuversicht wünschen würdest. All das wirst du finden, wenn du entdeckst, wer dieses Kind im Stall war – und ist. Und alles, was du machen musst, ist das, was man mit einem Geschenk eben tut: Du nimmst es an, bedankst dich und freust dich darüber.

> Denn ein Kind ist uns geboren, ein Sohn ist uns geschenkt; das wird der künftige Herrscher sein. Und dieser Name gehört zu ihm: wunderbarer Berater, kraftvoller Gott, Vater der Ewigkeit, Friedensfürst.

Was wünschst du dir zu Weihnachten?

UND WAS KOMMT JETZT?

Danke, dass du bis hierhin durchgehalten hast! Jetzt, da du es geschafft hast, lohnt es sich, dir noch folgende Frage zu stellen: Und was kommt jetzt?

Vielleicht möchtest du noch etwas mehr über Jesus erfahren, bevor du dir eine abschließende Meinung über ihn bildest. Wenn das der Fall ist, würde ich mich freuen, wenn du zwei Dinge tust: Als Erstes, lies ein Evangelium im Neuen Testament, also einen historischen Bericht über das Leben Jesu. Du könntest zum Beispiel das Lukasevangelium weiterlesen, also das Evangelium, auf das ich mich in diesem Buch konzentriert habe. Zweitens, bete. Sprich mit Gott und bitte ihn, wenn es ihn gibt, dir zu helfen, die Wahrheit über ihn zu erkennen.

Es gibt noch zwei weitere Dinge, die du tun könntest. Besuche eine Webseite; *christianityexplored.org*[5] ermöglicht es dir, weiter für dich selbst und in deinem eigenen Tempo über Jesus nachzudenken. Oder du könntest einen

---

5   Anm. d. deutschen Hg.: Rico Tice ist der Autor dieser beiden Kurse. Die Websites sind beide auf Englisch. Für deutschsprachiges Material siehe unsere Buchempfehlungen auf den nachfolgenden Seiten.

Kurs über die Inhalte dieses Buchs besuchen: *Hope Explored*. Dabei erfährst du mehr, stellst Fragen, diskutierst oder hörst einfach zu. Einen Kurs in deiner Nähe findest du auf der genannten Webseite. Aber vielleicht bist du auch an dem Punkt, dass du Jesus bitten möchtest, dein wunderbarer Berater zu sein und dir zu helfen, zu vergeben und dich zu leiten. Hier sind einige Worte, die du jetzt an ihn richten könntest:

Jesus, ich nehme dich, den kraftvollen Gott, als meinen wunderbaren Berater an. Danke, dass du gestorben bist, um mir Frieden mit dir zu schenken, und dass du wiederauferstanden bist, um mir ewiges Leben zu geben, das über den Tod hinausgeht. Es tut mir leid, dass ich dir bisher nicht das Ruder über mein Leben überlassen habe. Danke, dass du mir vergibst, und bitte hilf mir, mein Leben ab jetzt mit dir als Herr über meine Entscheidungen und meinen Weg zu leben. Amen.

Danke fürs Lesen!

Rico

Peter Güthler
Aufbruch in ein neues Leben
Einführungskurs zu den
Grundlagen des christlichen
Glaubens
Geh., 22 S., 14,8 × 21 cm
Best.-Nr. 272751
ISBN 290-2-72751-000-9

„Könnte ja sein, dass es Gott wirklich gibt. Könnte
ja sein, dass die Bibel mehr ist als ein altes Buch.
Könnte ja sein, dass es nach dem Tod weitergeht.
Könnte ja sein ... Man müsste der Sache mal auf den
Grund gehen!"

Genau dafür wurde dieser Kurs über die Grundlagen des christlichen Glaubens geschrieben. Kurz
und prägnant werden folgende Fragen behandelt:

Warum die Bibel?
Wie ist Gott?
Was ist der Mensch?
Was tat Jesus?
Wie werde ich errettet?

Neben den Ausführungen zum jeweiligen Thema
gibt es zu jeder Lektion auch noch einen Studienteil
mit Fragen.

Rebecca McLaughlin
Weihnachten – unglaublich?
*Vier Fragen, die jeder an die
unglaublichste Geschichte der
Welt stellen sollte*
Tb., 80 S., 11 × 18 cm
Best.-Nr. 271556
ISBN 978-3-86353-556-8

Ist die Geschichte von dem Baby in der Krippe von Bethlehem tatsächlich nur ein Märchen für Kinder? Die bekannte Apologetin Rebecca McLaughlin legt Beweise vor: dafür, dass Jesus eine reale Person war; dass die biblischen Berichte über sein Leben historisch zuverlässig sind; und sie begründet, warum der Glaube an eine Jungfrauengeburt nicht so lächerlich ist, wie er manchmal dargestellt wird.

Dieses Buch zeigt: Es gibt gute Gründe für den Glauben. Die berühmteste Geschichte der Welt ist eine Tatsache, kein Märchen. Doch es geht um viel mehr als nur Geschichte: Dieses historische Ereignis kann unserem Leben heute Sinn und Freude geben.

Rebecca McLaughlin
Ostern – unglaublich?
*Vier Fragen, die jeder an die
Auferstehungsgeschichte stellen
sollte*
Tb., 80 S., 11 × 18 cm
Best.-Nr. 271867
ISBN 978-3-86353-867-5

Die Auferstehung Jesu von den Toten ist eine außergewöhnliche Sache – eine Sache des Glaubens. Viele denken, ein solch übernatürliches Ereignis sei nur eine Illusion. Doch Millionen von Christen auf der ganzen Welt glauben, dass die Auferstehung Jesu ein reales, historisches Ereignis war. „Wenn aber Christus nicht auferweckt wurde, ist euer Glaube sinnlos", und die Christen wären „die bedauernswertesten von allen Menschen" (1. Korinther 15).

In diesem prägnanten Buch zeigt die angesehene Apologetin Rebecca McLaughlin auf, welche Beweise dafür sprechen, dass Jesus wirklich von den Toten auferstanden ist, und warum das die beste Nachricht überhaupt ist.

Buck Storm / Bill Perkins
Die Liste
Pb., 352 S., 13,5 × 20,5 cm
Best.-Nr. 271708
ISBN 978-3-86353-708-1

Die alten Propheten hatten ihn vorausgesagt. Jahrhundertelang hatte das Volk gewartet und gehofft.
Aber ist dieser Jesus, der das ganze Land in Aufruhr
versetzt, tatsächlich der Verheißene?

Tauchen Sie ein in die faszinierende Epoche, die
zur wichtigsten der ganzen Menschheitsgeschichte
werden sollte! Begeben Sie sich mit Nikodemus auf
Spurensuche in den alten Schriften und Prophe-
zeiungen über den Messias und erleben Sie hautnah
mit, wie Jesus alles damals Bekannte auf den Kopf
stellte.

Buck Storm
Das Licht
Pb., 352 S., 13,5 × 20,5 cm
Best.-Nr. 271838
ISBN 978-3-86353-838-5

Willkommen im Jerusalem des 1. Jahrhunderts, wo
Gerüchte und Täuschungen den Tag beherrschen.
Begleiten Sie die allerersten Gläubigen in der alten
Stadt, in der nichts mehr ist, wie es war! Fühlen
Sie, was sie fühlten! Riskieren Sie, was sie riskiert
haben! Und finden Sie mit ihnen die unerschütter-
liche Wahrheit, die unauslöschlich in den Himmel
geschrieben wurde, bevor die Zeit begann – Jeschua
verändert alles ...

Die Bibel verrät uns nicht allzu viel darüber, wie
die Menschen den Zeitraum zwischen Kreuzigung
und Himmelfahrt erlebten. Der Autor nimmt
den Leser deshalb mit hinein in eine packende
Geschichte, wie sie sich damals abgespielt haben
könnte ...